Jürgen Werner / Ulf Tödter

Kommunikation

Wirkungsvoll miteinander sprechen

POCKET BUSINESS TRAINING

Cornelsen

Verlagsredaktion: Christine Schlagmann
Technische Umsetzung: Holger Stoldt, Düsseldorf
Umschlaggestaltung: Ellen Meister, Berlin
Titelfoto: mayo5 / iStockphoto.com

Informationen über Cornelsen Fachbücher und Zusatzangebote:
www.cornelsen.de/berufskompetenz

1. Auflage

Druck: Druckhaus Berlin-Mitte GmbH

ISBN 978-3-589-23817-0

Inhalt gedruckt auf säurefreiem Papier
aus nachhaltiger Forstwirtschaft.

Inhalt

Einleitung

Gute Kommunikation ist Gold wert. In der Arbeitswelt lässt sich dieser Wert mitunter auch in konkreten Zahlen beziffern. Der Wissenschaftsjournalist Malcolm Gladwell berichtet von einer Studie, wonach auch wir als Laien ziemlich genau vorhersagen können, ob ein Chirurg nach Behandlungsfehlern von seinen Patienten auf Schmerzensgeld verklagt wird oder nicht. Dazu müssen Sie nichts über die Berufserfahrung des Chirurgen oder seine Operationsmethoden wissen. Entscheidend ist allein, wie er mit seinen Patienten kommuniziert.

In dieser Studie wurden Hunderte von Gesprächen zwischen Chirurgen und ihren Patienten aufgezeichnet. Etwa die Hälfte der Ärzte war schon mindestens zweimal von Patienten auf Schadensersatz verklagt worden, die andere Hälfte noch nie. Die Gruppe Letzterer nahm sich im Durchschnitt drei Minuten mehr Zeit für das Patientengespräch und hörte insgesamt mehr zu. Bei der Aufklärung über den Gesundheitszustand und die Medikation war indessen kein Unterschied zu der Gruppe der verklagten Mediziner festzustellen. Der Unterschied lag einzig und allein darin, wie wertschätzend sie auf ihre Patienten eingingen. Eine erfahrene Anwältin kommentierte das mit der Bemerkung, dass sie noch nie einen Mandanten vertreten habe, der sagte: „Ich finde diesen Arzt zwar sehr sympathisch, aber ich möchte ihn trotzdem auf Schmerzensgeld verklagen." In der Praxis wird die überwiegende Anzahl von Behandlungsfehlern nicht zur Anzeige gebracht, weil die Patienten ihren Arzt respektieren und mögen.

Wertschätzende Worte wirken Wunder

Auch in anderen Bereichen wirken wertschätzende Worte Wunder. Regelmäßiges Lob für gut geleistete Arbeit motiviert Mitarbeiter nachhaltiger als jede Gehaltserhöhung. Es signalisiert ihnen, dass sie sowohl in ihrer Leistung als auch als Mensch wahrgenommen werden. Die Realität sieht leider ganz anders aus. Hartmut Volk referiert in der Stuttgarter Zeitung aktuelle Untersuchungsergebnisse, wonach in Deutschland fast 70 Prozent der Beschäftigten bedauern, dass ihnen in der Arbeit kein Interesse als Mensch entgegengebracht wird. Und drei Viertel der Arbeitnehmer bemängeln, dass sie keine regelmäßige Rückmeldung über ihre persönlichen Fortschritte bei der Arbeit erhalten. Es gilt auf weiter Flur offenbar immer noch der alte Grundsatz: Nichts gesagt ist genug gelobt.

Fehlende Kommunikation trägt unweigerlich zur Demotivation bei. Diese lässt sich sogar noch rasant beschleunigen, wenn Mitarbeiter in Gesprächen verunsichert werden. In einer Frankfurter Studie mit Beschäftigten aus ganz unterschiedlichen Branchen wurden 116 Personen gebeten, über einen Zeitraum von sechs Wochen ein Tagebuch über die Kommunikation mit ihren Vorgesetzten zu führen. Das Ergebnis: Jedes fünfte Gespräch löste unangenehme Gefühle wie Angst und Selbstzweifel aus (SZ Wissen).

Fehlende Kommunikation führt zu Demotivation

Wenn Führungskräfte bei uns anrufen und klagen, dass ihre Mitarbeiter nicht mehr genügend motiviert sind, haben sie oft auch schon eine Lösung parat: Ein Motivationsseminar muss her, das die Mitarbeiter wieder auf Trab bringen soll. Es ist dann unsere Aufgabe als Trainer, dem Kunden – also der Führungskraft – klarzumachen, dass es sich mit großer Wahrscheinlichkeit um ein Kommunikationsproblem zwischen Leitung und Mitarbeiterebene handelt, das nicht einfach durch ein Motivationstraining an Außenstehende delegiert werden kann. Reflektierten Führungskräften leuchtet das sofort ein – andere wollen ihren Anteil an den Schwierigkeiten nicht so schnell wahrhaben.

Die Welt der Kommunikation

Wir heißen Sie willkommen in der Welt der Kommunikation – einer Welt, in der wir uns alle schon lange bewegen. Denn Kommunikation ist das A und O aller menschlichen Beziehungen. Sie ist immer schon am Werk, wenn zwei Menschen zusammentreffen.

> Selbst wenn wir nichts zu sagen beabsichtigen, drücken wir etwas aus.

Im Privaten reden wir meist so, wie uns der Schnabel gewachsen ist, und im Beruflichen haben viele Menschen spezielle Schulungen durchlaufen. Das reicht von Rhetoriktrainings über kundenorientiertes Telefonieren bis hin zum Führen von Mitarbeitergesprächen. Was also soll an Wissenswertem herausspringen in einem Grundlagenbuch zur Kommunikation?

Missverstehen ist der Normalfall

Etwas ganz Wesentliches: Gleich zu Beginn wollen wir Ihnen Ihre Unschuld in Sachen Kommunikation nehmen. Ganz selbstverständlich gehen nämlich fast alle Menschen davon aus, dass unser Gesprächspartner uns verstehen müsste, wenn wir uns halbwegs klar ausdrücken und unser Gegenüber nicht auf den Kopf gefallen ist.
Im ersten Kapitel werden Sie erfahren, dass diese übliche Vorstellung leider überhaupt nicht zutrifft. Das Gegenteil ist der Fall. Die Ergebnisse der modernen Hirnforschung lassen sich so auf den Punkt bringen:

> Missverstehen ist der Normalfall in der Kommunikation, Verstehen ist der Sonderfall.

Das mag viele überraschen. Dieses Trainingsbuch bietet Ihnen eine Vielzahl zum Teil spannender und auch amüsanter Übungen, damit Sie diese These praktisch nachvollziehen können. Natürlich ist es nicht unsere Absicht, Sie nach dieser – wenngleich auch unterhaltsamen – Ernüchterung allein im Regen stehen zu lassen. Das Ziel dieses Buches ist ja vielmehr, dass Sie Ihre Kommunikation wirkungsvoller gestalten können. Deswegen erhalten Sie in den folgenden Kapiteln viel praktisches Handwerkszeug. Es baut auf der Tatsache auf, dass Missverstehen der Normalfall ist, und will zeigen, wie wir diese Größe auf kluge Weise reduzieren können.

Präzise die Perspektive des Gegenübers erfassen

Im zweiten Kapitel beschäftigen wir uns mit den wichtigsten Kompetenzen, die für eine gelingende Kommunikation unerlässlich sind. Um zu verstehen, was der andere meint, sollten Sie einfühlsam zuhören können. Wir zeigen Ihnen, warum das leichter gesagt ist als getan. Exzellente Kommunikatoren interessieren sich auch dafür, wie ihr Gesprächspartner denkt und fühlt. Sie werden feststellen, wie viel leichter Sie verstanden werden, wenn Sie Ihre Aussagen passend für die Perspektive Ihres Gegenübers formulieren.

Durch die Beschäftigung mit einfachen Sprachstrukturen können Sie in Zukunft zuverlässig erkennen, wann Ihr Gegenüber eine unpräzise Sprache gebraucht. Sie müssen sich dann nicht mehr vorschnell einen eigenen Reim auf das Gesagte machen. Das geschieht häufig im falschen Glauben, den anderen verstanden zu haben. Dabei haben wir die vagen Äußerungen nur nach unserer eigenen Vorstellung präzisiert. Lernen Sie stattdessen, wie Sie gezielt die ausgelassenen Informationen entdecken und erfragen können, um nah am Verstehen zu bleiben.

Wer das Sagen hat, bestimmt über das Ergebnis

Im dritten Kapitel geht es um Macht. Diesem Thema wird, wie wir finden, in Ratgebern zur Kommunikation generell zu wenig Aufmerksamkeit geschenkt. Dabei handelt es sich um ein ganz entscheidendes Thema. Nur wer das Sagen hat, bestimmt auch über das Ergebnis von Gesprächen. Sie lernen offene und verdeckte Machtmittel kennen. Das soll Ihnen zum einen helfen, Ihren Einfluss in Gesprächen zu erhöhen. Zum anderen sind Sie dadurch besser gegen unfaire Methoden gewappnet, mit denen man Sie Ihrer Macht berauben möchte.

Testen Sie Ihre Hörgewohnheiten

Das vierte Kapitel bietet Ihnen einen ausführlichen Kommunikationstest. Hier können Sie Ihre eigenen Hörgewohnheiten einmal näher unter die Lupe nehmen. Denn viele Missverständnisse rühren daher, dass wir aus fremden Aussagen Dinge heraushören, die so gar nicht gemeint waren. Anderes wiederum, das unserem Gesprächspartner möglicherweise sehr wichtig war, hören wir erst gar nicht. Es gibt offenbar Ohren, auf denen wir überempfindlich sind, während wir auf anderen fast taub sind.

Die hohe Kunst der Kommunikation

Das fünfte Kapitel dient der Krönung Ihrer kommunikativen Kompetenz. Wie können Sie schwierige Gespräche souverän führen? Gerade wenn wir unangenehme Dinge mitzuteilen haben, ist es besonders wichtig, dass der Kontakt zu unserem Gegenüber während des Gesprächs nicht abreißt. Es geht dabei um die hohe Kunst, unser Anliegen klar und unmissverständlich deutlich zu machen, ohne den anderen zu verletzen. Wir zeigen Ihnen, wie Sie dazu die passenden Worte finden.

Sie erhalten von uns in diesem Buch nicht nur Tipps und Regeln, wie Sie erfolgreicher kommunizieren. Wir wollen darüber hinaus Ihr Sprachbewusstsein so schärfen, dass Sie für viele berufliche und private Situationen des Alltags eigene neue Lösungen entwickeln können.

1 Das 1x1 der Kommunikation

Was Sie unbedingt wissen sollten

„Wissen Sie, was ich meine?“ „Ja, ja, ich verstehe vollkommen, was Sie sagen wollen.“
Kennen Sie solche Sätze? Benutzen Sie sie hin und wieder sogar selbst – ganz selbstverständlich, ohne weiter darüber nachzudenken? Dann müssen wir Sie vor der Lektüre der kommenden Seiten warnen.

> Es besteht nämlich die Gefahr, dass Sie am Ende dieses Kapitels Ihre Unschuld in Sachen Kommunikation verloren haben.

Diese Prophezeiung mag erstaunlich klingen. Schließlich sind weder Sie noch die anderen Leserinnen und Leser Neulinge auf diesem Gebiet. Denn seit unserer Geburt kommunizieren wir tagtäglich. Vielleicht ist Ihnen ja auch der Satz des vielfach zitierten Kommunikationsforschers Paul Watzlawick bekannt, der besagt, dass man nicht nicht kommunizieren kann. Wo so viel Erfahrung vorhanden ist, dürfte eigentlich keine Unschuld mehr gegeben sein. Alte Hasen kennen sich in der Regel aus in ihrem Metier.
Und dann das: Ein Gespräch verläuft so unglücklich, dass Sie und Ihr Gesprächspartner am Ende wütend auseinander gehen. Zuvor haben Sie dem anderen die schlimmsten Vorwürfe gemacht. Bald danach tut Ihnen Ihre Entgleisung jedoch leid und Sie fragen sich, wie es dazu kommen konnte, finden aber keine vernünftige Erklärung. Sie sind mit Ihrem Latein offenbar am Ende.
Damit Sie solche und ähnliche Situationen missglückter Kommunikation in Zukunft seltener erleben, möchte dieses Buch Ihre „Lateinkenntnisse“ auf den neuesten Stand bringen. Viele werden dabei feststellen, dass trotz des täglichen Gebrauchs ihr bewusstes Wissen über die Gesetze der Kom-

munikation recht gering ist. Meist funktioniert das gegenseitige Verstehen eben irgendwie, nur manchmal will es einfach nicht klappen. Warum das so ist, bleibt unklar. Im Zweifelsfall findet sich oft genug eine einfache und für den Moment auch sehr entlastende Erklärung: Die anderen sind schuld.

1.1 Gefährliche Ansichten: Unser eingeschränktes Kommunikationsverständnis im Alltag

Damit wir beim Reden über Kommunikation nicht von ganz unterschiedlichen Vorstellungen ausgehen, sollten wir gleich zu Beginn klären, was wir unter diesem Vorgang überhaupt verstehen wollen und was nicht. Denn es wäre fatal, wenn bereits hier die ersten Missverständnisse vorprogrammiert würden. Vermeiden lassen sie sich ohnehin nicht, wie Sie bald sehen werden.
Das Verb „kommunizieren" geht auf das lateinische „communicare" zurück, das so viel heißt wie „teilnehmen lassen, eine Sache gemeinsam machen, sie mitteilen". Man könnte das Wort „mitteilen" auch mit Bindestrich schreiben (also mit-teilen), um seine Doppeldeutigkeit hervorzuheben. Denn indem ich jemandem etwas mitteile, teile ich etwas mit ihm, z. B. eine Verständigung über ein Thema. Das aber nur, wenn beim anderen auch ankommt, was ich sage.

Durch Kommunikation entsteht etwas Gemeinsames

Von dieser etymologischen Annäherung an den Begriff ist es nicht mehr weit zu einer – auf den ersten Blick – einfachen Definition:

> Kommunikation bedeutet den Austausch von Informationen zwischen zwei oder mehreren Personen.

In den gängigen Kommunikationsmodellen wird die Quelle der Informationsübertragung als Sender bezeichnet, dem auf der anderen Seite ein Empfänger gegenüber steht.

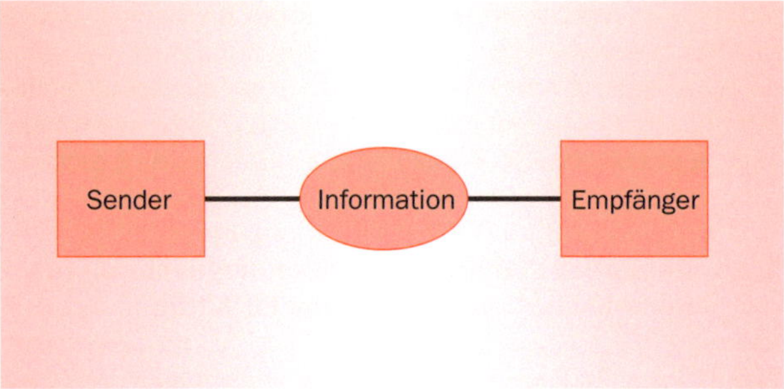

Dieses Modell hat den Vorteil, dass es sehr einfach ist und zugleich nah am Alltagsverständnis liegt. Sein Nachteil: Es entfaltet kaum eine Erklärungskraft, wenn wir etwas über die menschliche Kommunikation erfahren wollen. Wieso? Weil es ursprünglich aus dem nachrichtentechnischen Bereich stammt und später kurzerhand mit wenigen Abwandlungen auf die ganz anders gelagerte menschliche Verständigung übertragen wurde.

Kommunikation ist keine Einbahnstraße

Für den Nachrichtentechniker sollte das Modell einen Ansatz liefern, wie die elektronische Übertragung von Signalen ohne Datenverluste sichergestellt werden kann. Der Übertragungsweg ist bei diesem Vorgang jedoch eingleisig, von der Quelle bis zum Empfang. Diese Vorstellung wird nun leider allzu oft direkt auf die menschliche Kommunikation übertragen. Dann gehen wir in naiver Weise davon aus, dass ein Sender eine bereits fertig verpackte Information versendet, die vom Empfänger einfach wieder unbeschädigt ausgepackt werden muss.

Es spricht vieles dafür, dass wir uns mit dieser Anschauung selbst im Weg stehen. Denn im Alltag führt diese Auffassung dazu, dass wir uns in Gesprächen primär auf Informationen fixieren, die vom Empfänger eben in unserem Sinne verstanden werden sollen. Wenn er nicht begriffsstutzig ist, müsste er uns doch verstehen.

Dieses weitverbreitete Verständnis von Kommunikation engt unseren Blick nur unnötig ein und ist mitverantwortlich für viele gescheiterte Kommunikationsverläufe. Lösen wir uns also besser von einem zu technisch orientierten Modell und halten Augen und Ohren offen, um hinter das Geheimnis einer gelingenden Kommunikation zu kommen. Behalten Sie dabei im Blick, dass es im weitesten Sinne darum geht, „eine Sache gemeinsam zu machen, sie miteinander zu teilen".

1.2 Warum wir nicht bei den Fakten bleiben

Dies ist ein praktisches Trainingsbuch. Deswegen möchten wir mit Ihnen die Grundlagen der Kommunikation auf möglichst praktischem Weg erarbeiten. Um genauer zu bestimmen, was das eigentlich ist, das da vom Sender zum Empfänger geschickt wird, senden wir Ihnen nun eine Information in Form eines Bildes.

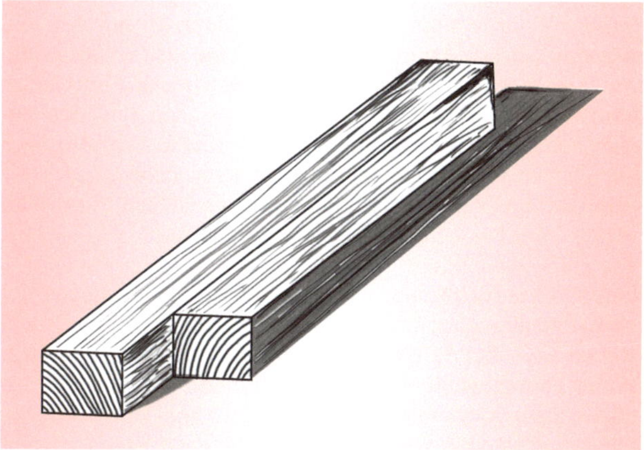

Übung 1

Was sehen Sie in dem Bild auf der vorigen Seite? Ist es schwierig für Sie, eine eindeutige Antwort zu geben, weil Sie sich nicht entscheiden können, ob Sie einen oder zwei Holzbalken sehen? Von vorne betrachtet, sehen Sie möglicherweise zwei Holzbalken nebeneinander liegen. Die Stirnflächen sind gut zu erkennen. Weiter hinten sehen Sie aber nur noch einen Balken, der einen Schatten wirft. Wo ist der zweite Balken geblieben?
In dieses Dilemma geraten Sie allerdings nur, wenn Sie sich nicht damit begnügen wollen, das Bild einfach als ein Feld von Punkten wahrzunehmen. Unser Verstand will die Sinneseindrücke jedoch unbedingt als einen Gegenstand erfassen.

Damit sind wir auf eine grundlegende Tatsache gestoßen, die für unsere weiteren Überlegungen sehr wichtig sein wird:

> Die Sinnesreize, die aus der Umwelt zu uns gelangen, werden nicht einfach passiv von uns aufgenommen.

Unsere Wahrnehmung ist also nicht identisch mit den Sinnesreizen, die durch unsere Sinnesorgane ins Gehirn gelangen. Denn die eingehenden Sinnesdaten werden im Gehirn immer mit früheren Erfahrungen verglichen und dementsprechend eingeordnet. Aus vielen ähnlichen Erfahrungen hat sich im Gehirn ein typisches Schema gebildet, das wie eine Vorlage zur Wiedererkennung des neuen Eindrucks wirkt.

Unsere Wahrnehmung wird also durch Typisierungen der Vergangenheit gesteuert. Deswegen reichen oft schon Bruchstücke von Sinnesdaten aus, um in uns ein vollständiges Wahrnehmungsbild hervorzurufen. Die nächste Übung dürfte dazu einigen Aufschluss geben.

Übung 2

Lesen Sie den folgenden Text möglichst flüssig.

Nach eienr Stidue der Cmabridge Uinverstiaet ist es eagl, in wlehcer Reiehnfogle die Bchustbaen in Woeretrn vokrmomen. Es ist nur withcig, dsas der ertse und lettze Bchusatbe an der ricthgien Stlele snid. Der Rset knan total falcsh sein und man knan es onhe Porbelme leesn. Das ist, weil das mneschilche Geihrn nciht jeden Bchustbaen liset, sodnern das Wrot als gaznes. Krsas oedr …?

Schon nach 250 Millisekunden in einer Schublade

Ohne die typisierende Wahrnehmung könnten wir andere Menschen nicht so schnell einschätzen. Der erste Eindruck bildet sich in Bruchteilen einer Sekunde.

Die Versuchspersonen einer Duisburger Untersuchung sahen sich bereits nach 250 Millisekunden in der Lage, jemanden als autoritär, sympathisch, gefühlsbetont, hinterhältig, intelligent oder langweilig einzustufen. Die bloß schemenhafte Wahrnehmung fremder Gesichtszüge reichte offenbar aus, um zu eindeutigen Aussagen über die vermeintlichen Charaktereigenschaften der Wahrgenommenen zu gelangen. Es ist wenig schmeichelhaft:

> Unbewusst stecken wir sowohl Menschen als auch Ereignisse und Gegenstände in Schubladen.

Wie ist das nun aber beim Sprechen, wenn die Informationen nicht als Bild gesendet werden, sondern in Form der gesprochenen Sprache? Was geht dann beim Empfänger vor sich?

Am besten überprüfen wir auch das wieder in einer Übung. Wir erzählen Ihnen dazu eine kleine Geschichte.

Übung 3

Nach Ladenschluss hatte ein Geschäftsmann gerade das Licht im Laden ausgemacht, als ein Mann eintrat und Geld verlangte. Der Inhaber öffnete eine Registrierkasse. Der Inhalt der Kasse wurde auf den Ladentisch entleert, und der Mann lief weg. Die Angelegenheit wurde kurz danach einem Polizisten gemeldet.

Das ist unsere Geschichte. Wir sind nun gespannt, was davon bei Ihnen ankam. Bitte lesen Sie die Geschichte nun kein zweites Mal mehr durch und verdecken Sie den Text. Dann beantworten Sie bitte die folgenden sieben Fragen. Sie können in den jeweiligen Feldern ankreuzen, ob Sie die Aussagen für wahr, falsch oder zu ungenau halten, um eine Antwort zu geben.

	richtig	**falsch**	**unklar**
1. Ein Mann trat ein, als der Inhaber das Licht im Laden ausgemacht hatte.			
2. Der Inhaber musste den Inhalt der Registrierkasse auf den Ladentisch leeren.			
3. Die Registrierkasse wurde vom Inhaber selbst geöffnet.			
4. Jemand hat die Registrierkasse geöffnet.			
5. Die Registrierkasse enthielt Geld – aber aus der Geschichte geht nicht hervor, wie viel.			
6. Nachdem der Inhalt der Kasse auf dem Ladentisch lag, rannte der Geschäftsmann weg.			
7. Kurz danach wurde der Vorfall einer Polizeistreife gemeldet.			

(Quelle: in Anlehnung an Pfeiffer/Jones 1977)

Auf Seite 120 erfahren Sie, welche Antworten wir als zutreffend erachten. Vergleichen Sie bei der Gelegenheit nochmals die Aussagen der Originalgeschichte mit Ihren Antworten. Gab es Situationen, in denen Sie Tatsachen unterstellten, die in der Geschichte gar nicht ausdrücklich genannt wurden? Etwas, das Sie sich nur in Ihrem Kopf zusammengereimt haben, weil es Ihnen plausibel und naheliegend erschien? Vielleicht meinen Sie ja auch, dass sich hier nur der „gesunde Menschenverstand“ gegen einen allzu spitzfindigen Test durchgesetzt hat. Aber Hand aufs Herz: Läuft es im Alltag etwa wesentlich anders?

Wir dichten immer etwas hinzu

Wir haben bereits am Beispiel der abgebildeten Holzbalken (waren es Holzbalken?) gesehen, dass unsere Wahrnehmung immer durch ein Interpretationsraster läuft. Wir sehen nicht einfach die Realität, wie sie ist, sondern nur vermittelt durch unsere Konstrukte. Nicht anders ist es beim Hören. Auch da dichten wir etwas dazu.

> Mehr als uns bewusst ist, gehen wir jeden Tag einer Tätigkeit nach, zu der sich die wenigsten öffentlich bekennen wollen: Wir versuchen unser Geschick als Hellseher.

Aus einzelnen Zeichen lesen wir Bedeutungen heraus. So meinen wir trotz uneindeutiger Aussagen ganz genau zu verstehen, was unser Gegenüber mit seiner Äußerung sagen wollte.

Ist Ihnen das im Alltag viel unkomplizierter vorgekommen, als es hier beschrieben wird? Das ist wahrscheinlich auch so. Denn in der Alltagsroutine gehen wir ganz selbstverständlich davon aus, dass wir mit unseren Äußerungen verstanden werden. Meist bemerken wir gar nicht, dass es zu Missverständnissen gekommen ist. Hauptsache, das Ergebnis stimmt. Wenn der andere tut, was ich von ihm wollte, dann reicht mir das in der Regel.

Je nach Situation haben wir ganz unterschiedliche Erwartungen des Verstehens aneinander:

- Handelt es sich um ein sehr bedeutsames Thema oder steht mir der andere Mensch persönlich sehr nah, dann ist es mir umso wichtiger, dass ich mit meinem Anliegen umfassend verstanden werde.
- Stehen wir dagegen nur in einem Dienstleistungsverhältnis zueinander und erwarte ich bloß eine einfache Ausführungshandlung, reicht es mir schon, wenn ich den nötigen Handlungsimpuls gesetzt habe.

Der Religionsphilosoph Martin Buber hätte in letzterem Fall in seiner mittlerweile antiquierten Sprache von der bloßen „Notdurft der sachlichen Verständigung gesprochen“:

„Ich kenne dreierlei Dialog: den echten, wo jeder der Teilnehmer den oder die anderen in ihrem Dasein und Sosein wirklich meint und sich ihnen in der Intention zuwendet, dass lebendige Gegenseitigkeit sich zwischen ihm und ihnen stifte; den technischen, der lediglich von der Notdurft der sachlichen Verständigung eingegeben ist; und den dialogisch verkleideten Monolog, in dem zwei oder mehrere im Raum zusammengekommene Menschen auf wunderlich verschlungenen Umwegen jeder mit sich selber reden und sich doch der Pein des Aufsichangewiesenseins entrückt denkt.“ (Buber M.: Das dialogische Prinzip. © 2001, Gütersloher Verlagshaus, Gütersloh, in der Verlagsgruppe Random House GmbH)

Nun wieder eine Übung.

Übung 4

Wie verstehen Sie die folgende Geschichte?

Vor den Toren Hamburgs wollen zwei Wanderer die Elbe überqueren. Am Ufer liegt ein Boot, das jedoch so klein ist, dass es nur einen Menschen tragen kann. Genau in diesem Boot überqueren sie die Elbe und setzen anschließend ihre Wanderung fort. Wie ist das möglich?

Haben Sie eine Lösung gefunden? Viele unserer Kursteilnehmer zeigen sich bei dieser Übung ratlos. Andere wiederum werden sehr erfindungsreich. Sie überlegen sich zum Beispiel, dass der Wanderer, der die Elbe als Erster überquert, eine Schnur bei sich hat. Diese bindet er am Boot fest und drückt dann dem zweiten Wanderer das andere Ende der Schnur in die Hand. Wenn er am gegenüberliegenden Ufer angekommen ist, kann der Zurückgebliebene das Boot wieder mit der Schnur zurückziehen und selbst übersetzen. Da die Elbe bei Hamburg aber recht breit ist, müsste unser Wanderer eine sehr lange Schnur bei sich führen – ziemlich ungewöhnlich für einen Wanderer.
Die Lösung ist viel leichter zu finden! Überprüfen Sie dazu nochmals Ihr inneres Bild von der Situation: Stehen die Wanderer in Ihrer Vorstellung zu Beginn auf der gleichen Seite des Flusses oder auf verschiedenen?
Wenn Sie davon ausgegangen sind, dass die beiden Wanderer gemeinsam auf Tour sind, dann wird die Lösung viel Einfallsreichtum brauchen. Wie aber wäre es, wenn Sie die beiden als Einzelwanderer sehen, die jeweils auf der gegenüberliegenden Uferseite unterwegs sind? Dann kann erst der eine in Ruhe übersetzen und anschließend der andere das Boot auf seinem Weg an die ursprüngliche Anlegestelle zurückbringen. Jeder wird nun seinen Weg alleine fortsetzen.

Je ungenauer, desto mehr Interpretation

Wie die Übungen 3 und 4 gezeigt haben, verwenden wir die Sprache oft so unpräzise, dass sie automatisch mehrere Interpretationen erlaubt. Lässt sich das vermeiden? Leider nur bis zu einem gewissen Grad. Denn wollten wir all das, was wir über eine Situation im Kopf haben, jeweils ausdrücklich in Sprache fassen, würden Unterhaltungen unglaublich langweilig ausfallen. Deswegen treffen wir in den meisten Fällen unbewusst eine Entscheidung darüber, welche Informationen wir in einem Gespräch weglassen und welche wir hervorheben. Das geschieht abhängig davon, wie nahe uns ein Mensch steht oder wie relevant die Informationen für ihn sind.

Dem einen teile ich mit, dass ich gestern von Frau Meier das im Jahre 1912 errichtete Haus in der Liststraße 43 zum Preis von 450.000 Euro gekauft habe. Dem anderen sage ich nur, dass ich ein Haus gekauft habe, weil mir diese Information ausreichend erscheint.

Es ist also nicht bloß eine zu rügende Nachlässigkeit, wenn wir im Alltag verkürzt sprechen, sondern meist schlicht eine praktische Notwendigkeit. Schwierig wird es nur dann, wenn für den Empfänger dadurch wichtige Informationen zum Verstehen verloren gehen. In Kapitel 2.3 erhalten Sie praktisches Handwerkszeug, mit dem Sie als Empfänger ausgelassene Informationen leicht aufspüren und nachträglich beschaffen können.

Immer zwei Schritte von der Realität entfernt

Dass die Sprache eine potenzielle Störquelle im Verständigungsprozess ist, wird in den meisten Kommunikationstheorien bedacht. Die Autoren sprechen dann davon, dass der Sender seine inneren Vorstellungen in Sprache gießen (kodieren) und der Empfänger diese Botschaft wieder entschlüsseln (dekodieren) muss, um sie zu verstehen. Im Alltag täuscht uns die gemeinsame Sprache sehr häufig über diese Tatsache.

> Wir glauben dann, dass wir uns verstehen, nur weil wir die gleichen Worte benutzen. Hier ist aber Vorsicht geboten.

Denn mit der Sprache sind wir immer zwei Schritte von der Realität entfernt. Im ersten Schritt erleben wir die Realität nur in den typisierten Konstrukten unserer Wahrnehmung. Im zweiten Schritt typisiert dann die Sprache unsere Erfahrungen nochmals, indem sie sie einem bestimmten Code zuordnet.

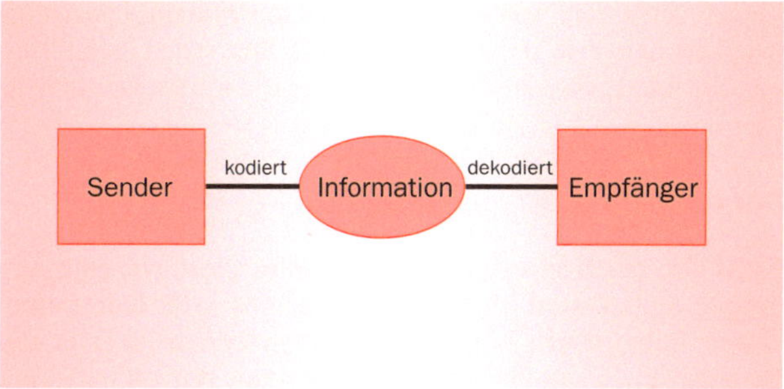

Über eines sollten wir uns also keine Illusionen machen: Ein vollständiges Verstehen fremder Aussagen ist gar nicht möglich. Denn jeder interpretiert die Äußerungen eines anderen zunächst vor seinem persönlichen Erfahrungshintergrund. Und unsere Lebensgeschichten sind nun mal verschieden.

1.3 Auf den Rahmen kommt es an

Die letzten Beispiele haben darüber hinaus noch etwas anderes gezeigt: Eine Äußerung erklärt sich erst vollständig durch den Zusammenhang, in dem sie steht.
Das erkennen Sie am besten bei Aussagen, die offensichtlich mehrdeutig sind. Wir suchen dann automatisch nach einer Bedeutung, die die Aussage sinnvoll erscheinen lässt.

An was denken Sie, wenn Sie jemanden sagen hören: „Ich gehe jetzt zu meiner Bank."? Das hängt wahrscheinlich davon ab, in welcher Situation Sie sich den Menschen vorstellen, der diesen Satz äußert. Was haben Sie hinzugedichtet? Wenn Sie an einen gemütlichen Spaziergänger dachten, sahen Sie vermutlich eine Parkbank vor sich. War es ein Schulkind im Klassenraum, dann war es wohl eher eine Schulbank. Und falls Sie eine geschäftige Frau im Businesslook im Zentrum einer Stadt sahen, war der Gedanke an ein Geldinstitut das Naheliegende.

Um zu verstehen, was eine andere Person gemeint hat, rufen wir üblicherweise die Bedeutung aus unserem Gedächtnis auf, die im gegebenen Zusammenhang die wahrscheinlichste ist.

Der Kontext wirkt meistens unbewusst

Es ist also der Kontext, der darüber informiert, wie eine Äußerung aufzufassen ist. Dieser Rahmen ist jeder Kommunikation mitgegeben. Nur in besonderen Fällen gerät er ins Bewusstsein. Zum Beispiel, wenn jemand mit seinem Verhalten aus dem üblichen Rahmen fällt. Etwa, weil diese Person sich taktlos verhält, unpassend gekleidet ist oder bei einer feierlichen Eröffnungsrede schon leicht beschwipst auftritt. Wir haben in der Regel ein untrügliches Gespür dafür, was in einen Rahmen passt und was nicht.

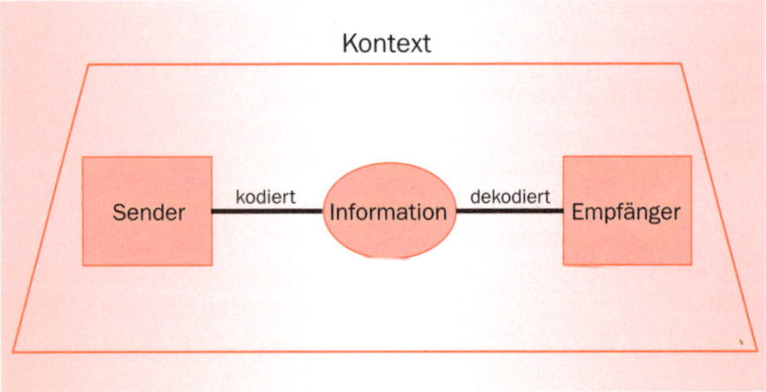

Das Spannende ist nun aber, dass solch ein Rahmen nicht einfach vom Himmel fällt, sondern in jeder Situation in Windeseile „unter der Hand" ausgehandelt wird. Sobald zwei Menschen zusammentreffen, setzen sie gewissermaßen ihre Duftmarken. Jeder versucht, vom anderen Informationen über dessen Status zu erhalten, um zu wissen, was in dieser Situation von ihm erwartet wird. Zugleich sendet er selbst Signale über seine Erwartungshaltung aus. Auf diese

Weise wird im Alltag der soziale Rahmen von Handlungen definiert. Das gilt auch für Situationen, die weitgehend institutionell geregelt sind, wie zum Beispiel die Rollenverteilung zwischen Vorgesetztem und Mitarbeiter. Auch dann werden gegenseitig Signale gesendet, die die Handelnden eine Situation als typisch wahrnehmen lassen.

Der erste Eindruck hat das stärkste Gewicht

Der entscheidende Rahmen wird meist durch den ersten Eindruck bestimmt. Deswegen wird auch so oft betont, dass für den ersten Eindruck keine zweite Chance besteht. Wer den ersten Moment in einer Begegnung nicht für sich genutzt hat, tut sich schwer damit, ihn so schnell wieder vergessen zu machen – es sei denn, es gelingt ihm, diesen frühen Eindruck als atypische Erscheinung auszugeben.

> Eine Lehrerin, die eine neue Klasse bekommt, tut gut daran, wenn sie vom ersten Augenblick an signalisiert, dass sie das Heft in der Hand hat und nicht bereit ist, sich auf der Nase herumtanzen zu lassen. Sind diese Signale eindeutig gesendet, kann sie sich später auch von einer sehr kameradschaftlichen Seite zeigen, ohne dass dies zu Missverständnissen führen muss. Würde sie hingegen aus einer schwachen Ausgangsposition heraus beginnen und erst später ihre Dominanz signalisieren wollen, nähmen die Schüler sie vermutlich nicht mehr ernst.

Auf den Punkt gebracht finden sich unsere Überlegungen in einem Satz des Konstanzer Soziologen Hans-Georg Soeffner: „Wir handeln, sprechen, interagieren nicht einfach: wir inszenieren unser Handeln, Sprechen und Interagieren, indem wir es für uns und andere mit Deutungs- und Regieanweisungen versehen.“ (2004, 171)

Das bedeutet, dass wir aktiv Einfluss darauf nehmen können, wie unsere Mitteilungen verstanden werden.

Welche Mittel uns dabei zur Verfügung stehen, erfahren Sie im dritten Kapitel.

Der 7-38-55-Mythos

Es gibt kaum einen Ratgeber zur Kommunikation und Rhetorik, in dem nicht auf eine wissenschaftliche Studie hingewiesen wird, wonach die Wirkung des Gesagten nur zu sieben Prozent auf das gesprochene Wort zurückzuführen ist. 38 Prozent entfallen auf den Tonfall und 55 Prozent auf Gestik und Mimik. Unaufhörlich werden diese Zahlen seit Jahrzehnten zitiert und von der Branche der Kommunikationstrainer gewinnbringend vermarktet.

Seminaranbieter für Körpersprache werben damit, dass die Körpersprache zu 55 Prozent zum Erfolg beiträgt. Stilberater gehen gleich aufs Ganze: Sie klären uns darüber auf, dass unsere Wirkung zu 93 Prozent auf das Äußere zurückgeht und nur zu sieben Prozent auf den Inhalt.

Aufklärung?

Wenn Sie die Autoren und Trainer nach der Quelle dieser Zahlen fragen, ernten Sie meist Achselzucken und manchmal das Stichwort Amerika. Ganz wenige wissen einen amerikanischen Forscher namens Albert Mehrabian zu nennen. Die meisten machen es sich einfacher und schreiben gleich, „unzählige wissenschaftliche Studien“ seien zu diesem Ergebnis gelangt. Vielleicht liegt es daran, dass sie von diesem Zahlentrio tatsächlich schon unzählige Male gelesen haben. Schließlich kann man überall davon lesen.

> Nur leider stimmt das so nicht! Ein Mythos ist entstanden, der sich, losgelöst von seiner Quelle, mittlerweile verselbstständigt hat.

Ende der 1960er-Jahre hat der amerikanische Psychologe Albert Mehrabian Experimente zur widersprüchlichen Kommunikation durchgeführt. Dazu ließ er Studierende Ein-Wort-Sätze vorlesen, mal mit positiver Bedeutung („Liebling“), mal mit negativer („schrecklich“) und mal mit neutraler Bedeutung („vielleicht"). Diese Worte wurden mit unterschiedlichen inneren Einstellungen auf Tonband gesprochen. Mal so, als ob man die fiktiv angesprochene Person mögen bzw. ablehnen würde und mal so, als ob man neutral zu ihr stünde. Zuhörer sollten danach einschätzen, wie die Sprecher zu den imaginären Adressaten der Botschaften eingestellt sind. Es wird Sie kaum überraschen, dass dabei der Betonung ein größeres Gewicht als dem bloßen Inhalt beigemessen wurde. Es ist eben der Ton, der die Musik macht.

In einem weiteren Experiment wurden den Teilnehmenden zusätzlich zu den Tonbandaufnahmen noch Fotos vorgelegt. Die Gesichtsausdrücke der darauf Abgebildeten zeigten an, ob sie an eine ihnen sympathische oder unsympathische Person dachten oder jemanden im Kopf hatten, dem sie neutral gegenüberstanden. Bei der Bewertung, wie die Sprecher gegenüber den imaginären Adressaten eingestellt waren, gestanden die Beurteilenden der Mimik eineinhalb mal mehr Einfluss als der Betonung zu.

Anders als den populären Vermarktern war Mehrabian als Wissenschaftler immer sehr bewusst, dass die Ergebnisse seiner Experimente eine sehr begrenzte Gültigkeit besitzen.

> In einem Interview mit C.E. Johnson im Jahr 1994 bestätigte er ausdrücklich, dass seine Forschungsergebnisse nicht auf die normale Kommunikation übertragbar seien.

Getestet wurden Ein-Wort-Sätze in künstlichen Laborsituationen mit bloß fiktiven Gesprächspartnern. Dem Zahlentrio 7-38-55 kommt also keine grundsätzliche Bedeutung zu. Der äußerst geringe Wert für den Inhaltsaspekt wird nur dort annähernd erreicht, wo eine extrem widersprüchliche Botschaft vermittelt wird. Dann glauben wir dem Wort tatsächlich am wenigsten.

Oft liefern wir die Regieanweisungen gleich mit

Eine gute Kommunikation kann nur gelingen, wenn die Gesprächspartner zur gleichen Einschätzung des geltenden Rahmens ihrer Zusammenkunft gekommen sind. Zu welchen Missverständnissen es führen kann, wenn dies nicht gegeben ist, hat Paul Watzlawick in dem folgenden amüsanten Beispiel erzählt. Es lohnt sich, es wörtlich wiederzugeben.

„Nach dem Zweiten Weltkrieg schickte man von amerikanischer Seite aus eine Forschergruppe nach England, um ein soziologisch sehr interessantes Phänomen zu studieren, das es in diesem Ausmaß bisher noch nicht gegeben hatte. Es handelte sich um die Durchdringung einer ganzen Bevölkerung durch Hunderttausende von Angehörigen eines anderen Kulturkreises, nämlich durch die amerikanischen Soldaten, die während der Invasion in England stationiert waren. Die Wissenschaftler untersuchten unter anderem auch das Paarungsverhalten zwischen den amerikanischen Soldaten und den englischen Frauen. Dabei stieß man auf einen seltsamen Widerspruch. Die englischen Frauen bezeichneten die amerikanischen Soldaten als sexuell sehr direkt. Das war von Soldaten ja zu erwarten. Merkwürdigerweise aber sagten die Amerikaner von den englischen Mädchen genau dasselbe.

Man versuchte diesen Widerspruch zu klären und stellte fest, dass in beiden Kulturkreisen das Paarungsverhalten vom ersten Blickkontakt der zukünftigen Sexualpartner bis zum Vollzug des Geschlechtsverkehrs durch ungefähr 30 gut feststellbare Stufen läuft.

Allerdings ist in den beiden Kulturkreisen die Abfolge dieser 30 Stufen verschieden. So kommt z. B. Küssen im amerikanischen Paarungsverhalten relativ früh und ist eine harmlose Sache, während es im englischen Paarungsverhalten eine sehr erotische Bedeutung hat und daher erst spät kommt. Sagen wir, dass für Amerikaner Küssen bei Stufe 5 kommt, während es sich in England bei Stufe 25 ergibt. Stellen Sie sich vor, was geschah, wenn der amerikanische Soldat annahm, dass der Moment gekommen sei, seine neue Freundin zu küssen. Diese war nun mit einem

Benehmen konfrontiert, das nicht in das frühe Stadium der Beziehung passte und nur als unverschämt zu bezeichnen war. Das Mädchen hatte daraufhin zwei Möglichkeiten: Entweder sie floh, oder aber – da zwischen 25 und 30 nicht mehr viele Stufen liegen – sie begann, sich auszuziehen. In diesem Fall fand sich nun der amerikanische Soldat vor einem Verhalten, das er nicht erwartet hatte und das auf ihn ebenfalls ‚schamlos' wirkte. Diese Stufung ist natürlich niemandem bewusst, sondern man handelt einfach, ohne zu wissen, dass solche Verhaltensweisen in einen Angehörigen einer bestimmten Kultur ‚hineinprogrammiert' sind. Würde man einen klassischen Irrtum der Verhaltenswissenschaften begehen und das Mädchen allein beobachten, also ohne die Interaktion in Betracht zu ziehen, so könnte man die Betreffende, wenn sie fluchtartig wegläuft, als Hysterikerin, und wenn sie anfängt, sich auszuziehen, als Nymphomanin bezeichnen."

(Aus: Paul Watzlawick: Vom Unsinn des Sinns oder vom Sinn des Unsinns. © 1992 Picus Verlag, Wien)

1.4 Plädoyer für ein umfassenderes Verständnis der Kommunikation

In seinem letzten Satz macht Watzlawick deutlich, dass diese Geschichte nicht nur von den Auswirkungen eines ungeklärten Rahmens erzählt, sondern auch von der Kreisförmigkeit der Kommunikation. Eine Person reagiert auf die andere und so fort. Anders als im nachrichtentechnischen Modell ist die Kommunikation eben keine Einbahnstraße. Wie sehr uns die Sichtweise dieses Modells im Alltag jedoch immer noch bestimmt, sehen wir daran, dass wir meist davon überzeugt sind, wir würden mit unserem Verhalten nur auf andere reagieren. Dabei sind wir blind dafür, dass diese zuvor schon auf unser Verhalten reagiert haben. Wird diese Tatsache nicht gesehen, dann stempeln wir andere Menschen ab. Mit negativen Charaktereigenschaften versehen, müssen sie die ganze Last der gescheiterten Kommunikation tragen. Wenn Ihr Gegenüber in der gleichen Sichtweise gefangen ist wie Sie, dann entsteht daraus ein äußerst unangenehmer Teufelskreislauf.

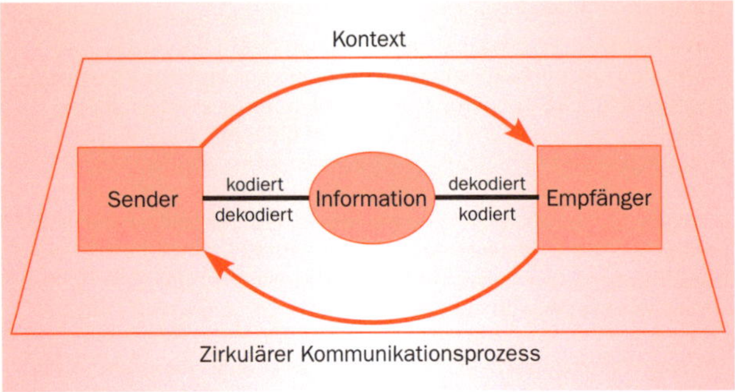

Kommunikation verläuft immer zirkulär

Auflösen lässt sich diese Problematik nur, wenn wir begreifen, dass Kommunikation immer zirkulär verläuft. Wir reagieren gegenseitig aufeinander. Dann geht es nicht mehr um die Frage, wer angefangen hat oder wer die Schuld an einer missglückten Kommunikation trägt. Unser Augenmerk richtet sich dann vielmehr darauf, welche Wirkung wir mit unseren Worten und unserem Verhalten auslösen. Mit einem gut entwickelten Wirkungsbewusstsein können Sie sich dann jeweils fragen, ob Sie diese Wirkung erzielen wollten oder nicht.

> Denn die Qualität Ihrer Kommunikation richtet sich nicht nach der Absicht, die Sie mit Ihren Worten verbunden haben, sondern in erster Linie nach der Wirkung Ihrer Worte.

Das stellen wir spätestens dann fest, wenn jemand uns nach einem unangenehmen Missverständnis mit gesenktem Blick erklärt: „Aber ich habe es doch nur gut gemeint." Mit dieser Geste der Entschuldigung erkennt jemand nachträglich an, dass die gute Absicht leider nicht die erhofften Früchte getragen hat. Behalten wir deswegen die gewünschte Wirkung am besten bereits frühzeitig im Blick.

Kommunikation ist ein Abenteuer

Es gibt keinerlei Garantie dafür, dass wir richtig verstanden werden. Der Philosoph Jürgen Habermas hält allein das „Bild einer diffusen, zerbrechlichen, dauernd revidierten, nur für Augenblicke gelingenden Kommunikation“ (1995, 150) für realistisch, in der sich die Gesprächspartner von einer gelegentlichen Gemeinsamkeit zur nächsten tasten. Diese Sichtweise wird auch von der modernen Hirnforschung unterstützt.

> So sagt der Bremer Neurophysiologe Gerhard Roth, dass das Missverstehen der Normalfall in der Kommunikation ist und Verstehen der Sonderfall.

Im Alltag wollen wir das so lange nicht wahrhaben, bis es zum nächsten gravierenden Missverständnis kommt. Einstweilen gehen wir ganz selbstverständlich davon aus, dass das alles gar nicht so ist.

Rekapitulation

Alle, die ihre kommunikative Kompetenz weiter ausbauen möchten, wollten wir mit diesem Kapitel für die Funktionsweise der Kommunikation sensibilisieren. Dabei haben wir insbesondere das alltagspraktische Verständnis der Kommunikation infrage gestellt. Dies geht davon aus, dass der Sender eine Information versendet, deren Bedeutung ausschließlich er selbst bestimmt hat. Der Empfänger muss diesen angeblich eindeutigen Sinn nun nur noch richtig entschlüsseln.
Dieses Bild einer eingleisigen Kommunikation widerspricht fundamental dem Wissen um die Kreisförmigkeit der Kommunikation. Wie sieht es denn im Alltag aus? Da ist der Empfänger bei weitem nicht das passive Geschöpf, zu dem ihn das gängige Kommunikationsmodell machen will. Denn schon während des Sendens einer Botschaft sendet der Empfänger unweigerlich Signale zurück. Er runzelt seine Stirn,

lacht, fällt dem anderen ins Wort, kommentiert die Aussagen des Senders oder führt dessen Gedanken fort und präzisiert sie damit oder wandelt sie ab.

Suche nach dem gemeinsamen Takt

Sender und Empfänger reagieren andauernd aufeinander und in diesen Rückkoppelungsschleifen lässt sich am Ende gar nicht mehr genau auseinanderhalten, wer denn nun Sender und wer Empfänger ist. In dieser Sichtweise wird die Information nicht einfach fertig vom Empfänger übernommen, sondern gemeinsam erzeugt.

> Praktisch bedeutet das, dass die Verständigung erst im Laufe eines Hin und Her im Gespräch entsteht.

Bei der immer wieder festgestellten Subjektivität der Wahrnehmung kann auch keiner den Anspruch erheben, die wirkliche Bedeutung einer Aussage erfasst zu haben. Das Mitteilen kann nur gemeinsam erfolgen.
Mit einem umfassenderen Verständnis von Kommunikation ist es also an der Zeit, das Bild von der Einbahnstraße endlich aufzugeben. Viel geeigneter erscheint uns das Bild eines gemeinsamen Tanzes. Darin sehen wir zwei oder mehrere Menschen, die sich in einem gemeinsamen Takt bewegen – in ihrem Handeln eng aufeinander bezogen. Sobald einer nur sich selbst wahrnimmt und kein Gespür für sein Gegenüber hat, wird der Tanz scheitern. Auf was dabei in der Praxis alles zu achten ist, erfahren Sie in den nächsten Kapiteln.

2 Gelingende Kommunikation

Wie Sie die Verständigung optimieren können

Eines haben die Übungen aus dem ersten Kapitel immer wieder gezeigt: Unsere Wahrnehmung ist subjektiv. Sie ist bestimmt von unserem individuellen Erfahrungshintergrund. Daraus folgt, dass wir unsere Sicht der Dinge nicht absolut setzen dürfen. Sonst würden wir jedes Missverständnis der Dummheit unseres Gesprächspartners zurechnen. Eine gelingende Kommunikation lebt stattdessen davon, dass wir uns von einer Gemeinsamkeit zur nächsten tasten. Das setzt eine prinzipielle Offenheit für die Sichtweise unseres Gesprächspartners voraus.

> Offenheit und die Bereitschaft zum Perspektivwechsel zählen deswegen zu den wichtigsten Kommunikationskompetenzen überhaupt.

2.1 Die Kunst des Zuhörens

Dass wir prinzipiell über die *Fähigkeit* zur Perspektivübernahme verfügen, steht außer Frage. Wir haben sie im Laufe des Heranwachsens erworben. Eine andere Frage ist hingegen, wie es mit der *Bereitschaft* zum Perspektivwechsel aussieht. Oft passt es uns einfach nicht in den Kram, uns mit der Sichtweise anderer Menschen auseinanderzusetzen, sei es, weil wir gerade ganz in eine andere Sache vertieft sind oder schlicht im Stress sind und keine Zeit dafür haben. Um im neuen Bild von Kommunikation zu bleiben: Wir haben eben nicht ständig Lust auf einen gemeinsamen Tanz. Dann geht es um die Fähigkeit und Bereitschaft, das dem anderen offen mitzuteilen.

Offenheit und Abgrenzung in Balance

Die Offenheit für andere entfaltet als Haltung nur dann ihre ganze Kraft, wenn sie in einem produktiven Spannungsverhältnis zu der Fähigkeit steht, sich abgrenzen zu können und für die eigenen Anliegen Sorge zu tragen. Denn Sie wissen ja: Wer für alles offen ist, ist nicht ganz dicht.

> Wenn Sie also im Moment nicht die Bereitschaft verspüren, sich auf die Sichtweise Ihres Gegenübers einzulassen, dann teilen Sie es ihm bitte mit.

Damit verhalten Sie sich fair gegenüber dem anderen und auch gegenüber sich selbst. Wenn Sie das nicht tun, werden Sie unweigerlich feststellen, dass der andere Sie mit seinem Gesprächsbeitrag nervt. Ein deutliches Zeichen dafür, dass Sie Ihr Bedürfnis nach Abgrenzung überhört haben. Ein befruchtender Dialog kann so nicht entstehen. Bestenfalls zwei Monologe, die wie zwei Einbahnstraßen nebeneinanderher verlaufen.

Übung 5

Lernen Sie, bewusst die Zeichen wahrzunehmen, wenn Sie keine Lust verspüren, sich mit anderen Sichtweisen auseinanderzusetzen. Welche körperlichen Reaktionen nehmen Sie dabei wahr? Können Sie diese dankbar als Hinweise annehmen? Oder meldet sich gleich ein innerer Zensor, der lakonisch kommentiert: „Wo kommen wir denn da hin, wenn ich meine Lust ernst nehme? Dann müsste ich mich meinem Chef gegenüber ja dauernd abgrenzen. Das geht nur leider nicht."

Beim Zuhören spürt unser Gesprächspartner genau, ob wir an ihm und seinen Äußerungen interessiert sind oder nicht. In dieser Atmosphäre der Verbundenheit kommt Bewegung ins Gespräch. Der, dem aufmerksam zugehört wird, präzisiert beim Sprechen oftmals seine Gedanken. Er stößt mög-

licherweise selbst auf Widersprüche in seiner Argumentation und entwickelt im Gespräch neue weiterführende Gedanken.
Das alles geschieht nicht, wenn er spürt, dass der Zuhörende ihm diesen Raum nicht schenkt, sondern innerlich schon an seinen Gegenargumenten bastelt. Dann baut sich für den Sprecher Druck auf. Sein Standpunkt verhärtet sich und das Gespräch wird von beiden Seiten als unproduktiv und reine Zeitverschwendung erlebt.

Aktives Zuhören – aufmerksam und mit voller Anteilnahme

Es gibt ein schönes Beispiel aus der Literatur dafür, wozu das aufmerksame Zuhören führen kann. Es stammt aus Michael Endes Roman „Momo“:

> „Was die kleine Momo konnte wie kein anderer, das war: Zuhören. Das ist doch nichts Besonderes, wird nun vielleicht mancher Leser sagen, zuhören kann doch jeder.
>
> Aber das ist ein Irrtum. Wirklich zuhören können nur ganz wenige Menschen. Und so wie Momo sich aufs Zuhören verstand, war es ganz und gar einmalig. Momo konnte so zuhören, dass dummen Leuten plötzlich sehr gescheite Gedanken kamen. Nicht etwa, weil sie etwas sagte oder fragte, was den anderen auf solche Gedanken brachte, nein, sie saß nur da und hörte einfach zu, mit aller Aufmerksamkeit und aller Anteilnahme. Dabei schaute sie den anderen mit ihren großen, dunklen Augen an, und der Betreffende fühlte, wie in ihm auf einmal Gedanken auftauchten, von denen er nie geahnt hatte, dass sie in ihm steckten.“
>
> Aus: Michael Ende: Momo. © 1973 by Thienemann Verlag (Thienemann Verlag GmbH), Stuttgart – Wien

Das wertschätzende Zuhören verlangt viel Aufmerksamkeit. Es bedeutet nämlich ein unvoreingenommenes Einlassen in die Erfahrungswelt des anderen. Das gelingt nur, wenn wir für diesen Zeitraum unsere eigenen Bewertungen und Kommentare beiseite stellen können. In diesem Moment geht es nur um das Verstehen. Damit der andere auch deutlich spürt, dass wir ihm folgen, ist es notwendig, dass wir eindeutige Zeichen dafür senden. Deswegen wird diese Art des Zuhörens auch aktives Zuhören genannt.

Übung 6

Erinnern Sie sich an eine besonders gute Gesprächssituation. Etwa an eine, in der Sie sich verstanden fühlten und in der Sie zu produktiven Ergebnissen gekommen sind. Wie hat sich dabei Ihr Gesprächspartner verhalten und wie haben Sie sich gegeben?

Das aktive Zuhören äußert sich auf drei Arten:

1. Einfache Aufmerksamkeitsreaktionen

Die Zuwendung zu Ihrem Gesprächspartner zeigt sich in der gesamten Körperhaltung. Sie sind offen und haben Blickkontakt. Gelegentlich nicken Sie zu seinen Äußerungen und signalisieren verbal Ihr Interesse durch einsilbige Bekundungen wie „Ja, hm, aha, ach so“. Oder Sie greifen zentrale Schlüsselwörter auf, die der Sprecher verwendet hat und wiederholen diese.

Beispiel

A: „Herr Reimers hat sich bisher noch nie dazu bereit erklärt, eine Präsentation zu übernehmen.“
B: „Noch nie!“

Wer aber so schaut wie Momo, der kann auch schweigen und trotzdem volle Aufmerksamkeit signalisieren.

2. Inhaltliche Bestätigung

Hier wiederholen Sie die sachlichen Aussagen Ihres Gesprächspartners mit eigenen Worten. Diese Technik nennt man Paraphrasieren. Sie zeigen dem anderen damit, dass Sie seine Aussagen nachvollziehen können. Falls der Sprecher zu weit ausholt und sich in Nebensächlichkeiten verliert, können Sie das Gesagte zusammenfassen, indem Sie die Kernaussagen hervorheben. Das hilft Ihnen zugleich selbst, mit der Aufmerksamkeit „am Ball zu bleiben".

Beispiel

A: „Ich habe den halben Freitag damit verbracht, die Referenten für den Kongress in Frankfurt zu erreichen und mit ihnen die Reihenfolge ihrer Beiträge abzusprechen."

B: „Es hat Sie viel Zeit gekostet, die Organisation mit den Referenten abzusprechen."

3. Emotionale Bestätigung

Die Äußerungen des Sprechers erfolgen in einer bestimmten Gemütslage. Oft sind hinter den Worten starke Gefühle zu spüren. Es kann sinnvoll sein, wenn der Zuhörende diese Gefühle verbalisiert, um damit das im Moment Wichtigste und Bewegendste auf den Tisch zu bringen. Für den Sprecher ist es ein deutliches Signal, dass Sie als Zuhörer verstehen, was ihn gerade bewegt. Das ist der beste Weg, um ein Gespräch wieder zu versachlichen.

Beispiel

A: „Ich habe Frau Hartweg nun schon dreimal um einen Rückruf in der Sache Kronmeyer gebeten, aber es ist nie etwas geschehen."

B: „Sie scheinen darüber sehr enttäuscht zu sein."

Viele Menschen tun sich schwer damit, die Methode des aktiven Zuhörens anzuwenden. Sie erscheint ihnen zu passiv. Das gilt besonders für Menschen, die es gewohnt sind, selbst die Zügel in die Hand zu nehmen. Sie befürchten, dass das Gespräch mit dieser Methode ausufert und sie ungewollt zum Seelenklempner werden. Leider wird auf das aktive Zuhören gerade dann am meisten verzichtet, wenn ein gegenseitiges Verstehen besonders dringend wäre, nämlich in schwierigen Gesprächen.

Sieben Gründe, warum uns das aktive Zuhören schwerfällt

1. Die Sorge, das Zuhören könnte bereits als Zustimmung gewertet werden

Das Bemühen um ein Verstehen ist jedoch nicht mit einem Einverständnis zu dem Geäußerten zu verwechseln. Wer dem anderen aktiv zuhört und dabei „Ja“ sagt, bekundet nur, dass er den Ausführungen gedanklich folgen konnte – nicht aber, dass er sie auch inhaltlich teilt.

2. Mangel an Geduld

Aktives Zuhören braucht Geduld. Das liegt auch daran, dass wir im Denken viermal schneller als im Hören sind. So kommt bei vielen schnell Ungeduld auf, wenn das Gesagte nicht spannend genug für sie ist. Ihre Gedanken springen davon und beschäftigen sich einstweilen mit anderen Dingen.

3. Ohnmachtsgefühle

Aus Zuhörersicht sieht ein Problem oft viel leichter aus als aus Sicht des Erzählers. So fällt es vielen Zuhörern extrem schwer, darauf zu verzichten, gleich gute Ratschläge auszuteilen, zu beschwichtigen oder zu trösten.

4. Die Person hat das Gleiche schon mehrmals erzählt

Das nervt natürlich. Doch Vorsicht. Wenn Menschen immer wieder das Gleiche erzählen, ist es ein Zeichen dafür, dass sie sich damit noch nicht gehört und wahrgenommen fühlen. Sonst kämen sie damit zur Ruhe.

5. Jemand hört sich lieber selbst sprechen

Manche hören nicht zu, um etwas vom anderen zu erfahren, sondern sie warten in dessen Redebeitrag nur auf ein Stichwort, das sie umgehend aufgreifen, um damit ihre eigene Rede fortsetzen zu können.

6. Jemand weiß es besser

Wer als Zuhörer das Gesagte innerlich stark bewertet, möchte es am liebsten gleich korrigieren und richtigstellen. Kritik und Widerspruch sind kaum zurückzuhalten. Und wenn der Zuhörer auch verbal nichts äußert, so fällt doch sein kritischer Blick auf.

7. Die Sorge, dass das intensive Zuhören zu viel Zeit kostet

Wer sich dafür entscheidet, den anderen verstehen zu wollen, braucht zunächst natürlich mehr Zeit, als wenn er dessen Sichtweise einfach nur wegschiebt. Der vermehrte Zeitaufwand zahlt sich jedoch aus:

- Kurzfristig, weil sich Ihr Gesprächspartner nicht erst langwierig mit Ihren Kommentaren und Widerständen auseinandersetzen muss. Dadurch kommt er schneller auf den Punkt.

- Und langfristig, weil Sie so ein Klima des Vertrauens schaffen. Mitarbeiter und Kollegen lernen dabei, dass sie Schwierigkeiten in Zukunft offen ansprechen können.

Übung 7

Erkennen Sie Gründe, die es auch Ihnen schwermachen, das aktive Zuhören anzuwenden? Falls ja, dann verurteilen Sie sich bitte nicht. Das würde Sie nicht weiterbringen. Dieser innere Dialog (auch hier geht es um Kommunikation) würde genau das Gegenteil vom erhofften Zustand erzeugen.

Behalten Sie Ihre persönliche Eigenart lieber wohlwollend im Blick und versuchen Sie hin und wieder, ihr im Gespräch nicht blind zu folgen. Wagen Sie den Sprung ins Neuland.

2.2 Wirkungsorientiert sprechen

Wir haben uns bislang überwiegend mit der Offenheit des Empfängers für die Sichtweise des Senders beschäftigt. Dabei haben wir großen Wert auf die Methode des aktiven Zuhörens gelegt.

> Zum gegenseitigen Verstehen in der Kommunikation gehört aber auch die Offenheit des Senders für die Sichtweise des Empfängers.

Der Sender möchte verstanden werden. Sein Interesse muss also sein, dass beim Empfänger möglichst die Bedeutung des Gemeinten ankommt, die er mit seinen Worten vermitteln will. Was wird der Empfänger aber mit großer Wahrscheinlichkeit tun? Er wird den Worten seine eigene Bedeutung beigeben. Exzellente Kommunikatoren wissen um diese Tatsache. Deswegen interessieren sie sich dafür, wie ihr Gesprächspartner denkt und fühlt. Wie verarbeitet der andere gewohnheitsmäßig Informationen? Sie sind also nicht nur auf den Inhalt ihrer Aussage konzentriert, sondern zugleich auf den Hörer. Sie stellen sich vor, wie die Mitteilung beim Empfänger ankommt und formulieren dementsprechend.

So viel Bereitschaft zum Perspektivwechsel bringen viele nicht mit. Es ist ihnen auch höchst suspekt: „Das wäre doch Manipulation“, wenden einige ein. „Ich verbiege mich doch nicht. Ich rede so, wie mir der Schnabel gewachsen ist. Das ist wenigstens ehrlich.“

Wissen, wie der Gesprächspartner tickt

Es ist eine amüsante Vorstellung, diese trotzige Auffassung auf den Umgang mit dem PC zu übertragen. Stellen Sie sich dabei einen Kollegen vor, der sich ebenso heldenhaft weigert, das Bedienungsprogramm seines Computers zu erlernen. Wie er hilflos auf die Tastatur einhaut und verzweifelt ruft: „Dieser blöde Computer muss doch endlich kapieren, was ich will." Jeder sieht sofort, dass das nicht gut gehen kann. Und keiner würde meinen, dass man sich beim Erlernen der grundlegenden Bedienungsschritte eines PC persönlich verbiegt und unehrlich wird. Das wäre eine törichte Auffassung. Kann dann aber die Mühe, die wir uns täglich im Umgang mit technischen Geräten machen, im Umgang mit unseren Mitmenschen zu viel verlangt sein?

Wir müssen zugeben, dass der Vergleich etwas hinkt. Denn technischen Geräten ist in der Regel eine Bedienungsanleitung beigefügt, Menschen nicht.

> Aber auch Menschen zeigen unmittelbar eine Reaktion auf fremde Äußerungen. Entwickeln Sie dafür ein Gespür.

Achten Sie darauf, ob sich jemand verschließt oder öffnet, abwendet oder zuwendet. Und reagieren Sie darauf, wie im schon mehrfach zitierten Tanz. Falls Sie eine Reaktion irritiert, fragen Sie nach, wie Sie diese verstehen dürfen. Alle erfolgreichen Gesprächsführer zeichnen sich dadurch aus, dass sie ihr Verhalten gekonnt auf das ihrer Gesprächspartner abstimmen.

Passend für die Ohren des Empfängers formulieren

Noch etwas anderes erleichtert es uns, die Informationen passend für die Ohren des Empfängers zu formulieren: Menschen haben Gewohnheiten und sind in ihrem Verhalten vorhersehbar. So überraschend ist das meist gar nicht, was wir an Reaktionen ernten. Wir alle kennen doch unsere Pappenheimer.

Beispiel

Frau Martin ist Chefin einer Werbeagentur. Gestern hat sie den Auftrag für eine neue Werbekampagne eines großen Nahrungsmittelherstellers bekommen. Sie ist begeistert und schon voller

Ideen, wie das Projekt angegangen werden kann. Als sie im Kreis ihrer Mitarbeiter das neue Projekt besprechen will, nimmt sie etwas widerwillig **Herrn Jakobi**, ihren Grafiker, wahr, der sich von ihrer Begeisterung so ganz und gar nicht anstecken lässt, sondern ein sorgenvolles Gesicht an den Tag legt. Frau Martin wartet nur noch auf die übliche Reaktion ihres „geliebten" Bedenkenträgers. Und da kommt sie schon: „Ich habe da große Zweifel, dass das bei uns so machbar ist. Das Problem dabei ist doch ..." Aber Herr Jakobi kann seine Gedanken nicht zu Ende ausführen, weil es aus Frau Martin plötzlich herausbricht: „Mensch, Thomas. Das ist ja wieder typisch für dich. Immer musst du gleich mosern. Kannst du dich nicht einfach mal freuen und konstruktiv an die Sache herangehen?"

Herr Jakobi fühlt sich völlig falsch verstanden. Er wollte sich doch konstruktiv beteiligen. Prinzipiell fand er die Ideen seiner Chefin ja gut. Zugleich sah er aber auch, dass sie nicht eins zu eins umsetzbar sind. Darauf wollte er nur hinweisen.

Frau Martin kennt also die typische Reaktionsweise von Herrn Jakobi (zu Genüge), möchte diese aber nicht wahrhaben. Sie stimmt sich nicht auf ihn ein, sondern möchte sein störendes Verhalten am liebsten aus der Welt schaffen. Wüsste sie, dass der skeptische Herr Jakobi gewohnheitsmäßig zuerst Probleme aufzuspüren versucht, um sich und das Team vor möglichen Gefahren zu schützen, dann könnte sie ganz anders mit ihm umgehen. Sie wüsste, dass diese für sie sehr fremde Denkweise im Grunde genommen wie ihre optimistische Sicht kooperativ angelegt ist. Dann könnte sie klüger mit Herrn Jakobis Art umgehen und gleich zu Beginn der Besprechung sagen: „Ich möchte euch zunächst von meinen Ideen zu dem neuen Projekt erzählen. Hört euch das erst mal an und sagt mir dann, was ihr davon haltet, durchaus auch, wo ihr Schwachstellen seht und wo es möglicherweise Probleme geben könnte. Ihr dürft natürlich auch sagen, was ihr gut findet" (dabei zwinkert sie Herrn Jakobi zu).

So kann sich auch Herr Jakobi eingeladen fühlen, seinen detektivischen Spürsinn einzubringen. Und Frau Martin staunt: Je mehr er das Gefühl bekommt, in seiner Art willkommen zu sein, umso weniger muss er zur „Fundamentalopposition" greifen. Auch er äußert sich nun wohlwollender und weist konstruktiv auf die übersehenen Probleme hin. Statt einem Nervenkrieg kann nun eine „gemeinsame Sache" entstehen.

Erfolgsfaktor Menschenkenntnis

In unserem Buch „Erfolgsfaktor Menschenkenntnis" beschreiben wir ausführlich neun verschiedene Persönlichkeitsprofile im beruflichen Kontext. Wir erläutern für jedes dieser Profile die Beweggründe für Verhaltensweisen, die auf den ersten Blick oft rätselhaft und schwer verständlich erscheinen. Mit diesem Einblick in fremde Lebensweisen erhöhen Sie die Chance einer effektiven und respektvollen Zusammenarbeit um ein Vielfaches.

Übung 8

Wie reagieren Sie üblicherweise auf die Einwände von Menschen, denen Sie insgeheim so nette Namen wie „Bedenkenträger", „Bremser" oder „Schwarzseher" verleihen? Überlegen Sie, wie Sie sich in Ihrem Verhalten noch optimaler auf diese Menschen einstellen können, damit sich die Kooperation verbessert.

Wer sich in die Position seines Gegenübers versetzt, erhält durch den Perspektivwechsel zusätzliche Informationen darüber, wie er sich in seinem Verhalten auf die andere Person einstellen kann. Für schwierige Gesprächs- und Verhandlungssituationen empfiehlt es sich, die verschiedenen Standpunkte ganz bewusst einzunehmen.

In seiner Schrift „Über den Redner" beschrieb Cicero vor 2000 Jahren, wie er sich auf seine Tätigkeit als Anwalt vor Gericht vorbereitet: Wenn der Klient sein Anliegen vorträgt, „vertrete ich gewöhnlich den Standpunkt des Gegners, damit er seinen eigenen verteidigt und alles vorbringt, was er sich zu seinem Fall gedacht hat. So übernehme ich, wenn er gegangen ist, vollkommen unparteiisch drei Rollen in einer einzigen Person, die meine, die des Gegners und die des Richters." (1976, 271)

Die Perspektive aller Beteiligten durchspielen

Auch von Gandhi wird berichtet, dass er vor wichtigen Verhandlungen die Situation mit den Augen eines Hindu, eines Muslims und eines Briten betrachtete. Er ging aber noch einen entscheidenden Schritt weiter. Denn er beließ es nicht nur beim gedanklichen Perspektivwechsel. Er schlüpfte wie ein Schauspieler in verschiedene Rollen – mit Haut und Haaren. So verkörperte er die Standpunkte, indem er dazu ganz bestimmte Körperhaltungen einnahm. Einer seiner Mitarbeiter beobachtete zum Beispiel, dass er sich beim Nachdenken dann wie ein Brite im Haus bewegte: Etwas steif, gemessenen Schrittes und mit einer bestimmten Weise, die Hände zu halten. So konnte er am Unmittelbarsten erfahren, wie sein Verhandlungspartner zu einem bestimmten Vorschlag stehen mochte.
Vor besonders wichtigen Entscheidungen nutzte Gandhi noch eine weitere Position. Er überlegte sich, wie eine bestimmte Forderung den Briten gegenüber von der Weltöffentlichkeit aufgenommen werden würde. Nur wenn er auch von dieser Position mit Zuspruch rechnen konnte, erschien ihm sein Vorhaben Erfolg versprechend.

Die Perspektive unparteiischer Dritter einbeziehen

Grundsätzlich lassen sich drei Wahrnehmungspositionen unterscheiden. Dazu zählt

- unsere eigene Wahrnehmung,
- die Position unseres Gegenübers und
- die Position eines unbeteiligten Dritten, der die Sache unparteiisch sieht und emotionslos den Gesamtüberblick behält.

Zusammen liefern sie eine große Fülle an Informationen und Verständnismöglichkeiten. Im Weiteren erhalten sie folgende Bezeichnungen: Ich-Position, Du-Position und Meta-Position (griech. meta = über).

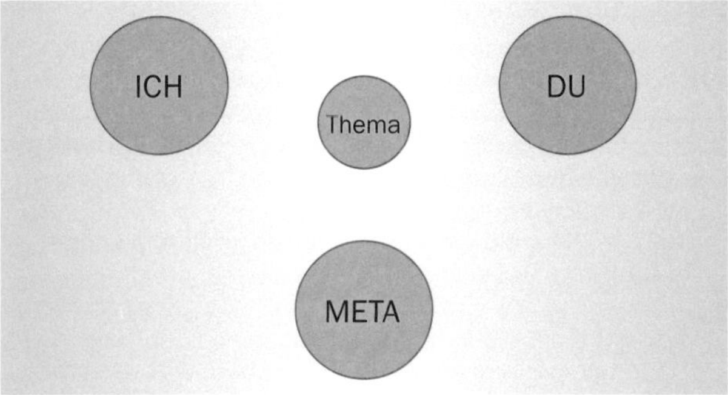

Übung 9

Denken Sie an eine schwierige Situation, in die Sie mit einer anderen Person verwickelt sind. Es kann sich um ein gravierendes Missverständnis handeln oder auch um einen offen ausgetragenen Konflikt.

1. Vergegenwärtigen Sie sich die Situation zunächst aus Ihrer eigenen Perspektive. Wie erleben Sie die Situation? Was sehen Sie, was hören Sie und was fühlen Sie? Wie ist Ihre Körperhaltung dabei? Und was denken Sie über die andere Person?

2. Jetzt geht es darum, die Situation einmal mit den Augen der anderen Person zu sehen. Das wird auf Anhieb gar nicht so leicht sein, weil es bisher ja am gegenseitigen Verstehen gemangelt hat. Umso wichtiger ist es, dass Sie sich jetzt von Ihrem Standpunkt lösen. Nehmen Sie dazu ganz bewusst einen anderen Platz im Raum ein und beziehen die Du-Position. Schlüpfen Sie wie ein Schauspieler in eine neue Rolle. Übernehmen Sie die typische Körperhaltung der anderen Person und ihren Gesichtsausdruck. Das Wichtigste ist dabei, dass Sie all das mit einer neugierigen Einstellung ausprobieren. Nur so haben Sie

die Chance, etwas über die Sichtweise der anderen Person zu erfahren. Wenn Sie mit Widerwillen in die Du-Position gehen, dann zeigt das, dass Sie noch ganz in Ihrer Ich-Position gefangen sind. Machen Sie sich in diesem Fall erst einmal locker, schütteln Sie Ihren Körper kräftig durch und dabei die starre „Ich-habe-recht-Haltung“ ab.
Wenn Sie auf diese Weise ein Gespür für die andere Person entwickelt haben, dann erleben Sie die Situation einmal aus dieser Perspektive. Wie geht es Ihnen in der Rolle von Person XY? Was sehen Sie, was hören Sie und was empfinden Sie dabei? Was denken Sie über Ihr Gegenüber, das im realen Leben Sie selbst sind?

3. Suchen Sie sich nun einen dritten Platz im Raum. Das ist die Meta-Position. Von hier aus schauen Sie wie eine neutrale Person auf das Geschehen und behalten den Überblick über das Ganze. Emotionen sind hier nicht gefragt, vielmehr ein kühler Kopf. Für sehr emotionale Menschen ist dieser Standpunkt eine große Herausforderung. Hier müssen Sie so tun, als seien Sie in die ganze Geschichte nicht verwickelt. Wegen dieser Kompetenzen werden in Firmen Supervisoren oder Mediatoren eingeladen, weil sie als Außenstehende unparteiisch in Konflikten vermitteln können. Falls Sie also feststellen, dass Sie wieder von starken Emotionen eingeholt werden, vergrößern Sie den Abstand zu der Ich- und Du-Position und stellen Sie sich gleichzeitig vor, wie zwischen Ihnen als neutralem Beobachter und der Situation eine trennende Glasscheibe eingezogen ist. Und dann schauen Sie wieder in Ruhe auf die beiden beteiligten Personen. Wie gehen die beiden miteinander um? Was fällt Ihnen auf? Inwieweit sind sie in ihren Sichtweisen gefangen? Welche Eigenschaften würden ihnen gut tun, um das Problem leichter lösen zu können? Schicken Sie den beiden im Geist die wünschenswerten Eigen-

schaften zu, zum Beispiel Einfühlungsvermögen, Mut zur klaren Aussprache, Ehrlichkeit, Vertrauen usw. Hauptsache, Sie bleiben die neutrale und wohlwollende Person, die den Überblick behält.

4. Treten Sie zum Schluss nochmals in die Ich-Position ein und vergegenwärtigen Sie sich die neu gewonnenen Einsichten. Spüren Sie, was sich in Ihnen verändert hat, und achten Sie darauf, ob es einen neuen Handlungsimpuls gibt, mit dem Sie die verfahrene Situation jetzt gerne lösen möchten.

Wer es sich zur Gewohnheit macht, schwierige Situationen aus den drei Wahrnehmungspositionen zu betrachten, bleibt offen für andere Sichtweisen und beweglich im Geist.

Cicero und Gandhi führte das zu Klugheit und Weisheit. Menschen, die wir dagegen für dumm halten, fehlt genau diese Beweglichkeit. Sie erscheinen uns engstirnig und sehr begrenzt in ihrer Wahrnehmung. Es fehlt ihnen ein weiter Gesichtskreis.

2.3 Ausgelassene Informationen einholen

Verstehen ist nur möglich, wenn wir erfassen, was eine andere Person mit ihrer Äußerung gemeint hat. Nun wissen wir aus dem ersten Kapitel, dass die Sprache oft so unpräzise verwendet wird, dass sie immer mehrere Interpretationen zulässt. Das führt dazu, dass wir einfach das heraushören, was wir selbst mit den Worten gemeint hätten. Dann sind wir allerdings mehr mit unseren eigenen Vorstellungen beschäftigt als mit dem Verstehen unseres Gesprächspartners.

Im Bereich des NLP (Neurolinguistisches Programmieren) ist ein Sprachmodell entwickelt worden, mit dem Sie zielsicher aufspüren können, wann ein Sprecher Informationen ausgelassen oder verzerrt dargestellt hat. Es handelt sich dabei um das so genannte Meta-Modell der Sprache. Entsprechende Fragen erlauben Ihnen, sich auf diese Weise nachträglich die Informationen zu holen, die Sie zum Verstehen brauchen.

Diese Kunstfertigkeit hilft Ihnen insbesondere in wichtigen Gesprächen weiter, wo es auf eine sehr genaue Kommunikation ankommt. Zum Beispiel, wenn sich jemand bei Ihnen beschwert oder wenn Gerüchte über andere verbreitet werden. Dann ist es unerlässlich, die Fakten genau herauszuarbeiten.

Das Meta-Modell der Sprache anwenden

Im Meta-Modell der Sprache werden drei grundlegende Gestaltungsprozesse bei der sprachlichen Vermittlung von Erfahrungen dargestellt. Es handelt sich um

- Tilgungen (einzelne Worte oder Satzteile werden ausgelassen),
- Verzerrungen (durch Phantasie und ungeprüfte Vorannahmen werden Erlebnisse umgedeutet) und
- Generalisierungen (Verallgemeinerung von einzelnen Erfahrungen zu Pauschalaussagen).

Mit dem Wissen um die sprachlichen Muster dieser Gestaltungsprozesse schärfen Sie Ihr Bewusstsein für eine vage Sprache. Das Meta-Modell gibt Ihnen zugleich einen Fragenkatalog an die Hand, mit dem Sie Tilgungen, Verzerrungen und Generalisierungen in der Sprache wieder rückgängig machen können. Damit helfen Sie dem Sprecher, sich verständlicher auszudrücken.
Die Fragen sollten allerdings nur in einem einfühlsamen Kontakt gestellt werden, weil sich Ihr Gegenüber sonst wie in einem Kreuzverhör vorkommt.

Tilgungen

T1 Unspezifische Substantive

Bleibt das Substantiv in einem Satz unbestimmt, dann ist nicht eindeutig, auf wen oder was es sich bezieht.

- „Die wollen mir am liebsten gleich morgen kündigen." – „Wer will das?"
- „Projektleiter sind doch nur auf ihren eigenen Erfolg aus." – „Welche Projektleiter meinst du?"

Bei unspezifischen Substantiven erhalten Sie die ausgelassenen Informationen, indem Sie fragen: „Wer oder was genau?"

T2 Unspezifische Verben

Solche Verben lassen offen, wie eine Handlung genau ausgeführt wird.

- „Frau Kellner geht mir schon seit Wochen aus dem Weg." – „Was macht sie genau?"
- „Sie unterstützte mich." – „Wie tat sie das?"

Bei unspezifischen Verben erhalten Sie die ausgelassenen Informationen, indem Sie fragen: „Wie genau tat sie oder er es?"

T3 Vergleiche

Bei einem getilgten Vergleich wird die entscheidende Vergleichsgröße nicht genannt. Dadurch schwebt die Aussage im „luftleeren Raum".

- „Das ist viel interessanter." – „Interessanter als was?"
- „Das ist zu teuer." – „Verglichen womit ist das zu teuer?"

Bei Vergleichen erhalten Sie die ausgelassenen Informationen, indem Sie fragen: „Verglichen womit?“

T4 Bewertungen

Getilgte Bewertungen lassen offen, wer die Bewertung trifft. Es wird so getan, als gelte sie für alle.

- „Sie ist eine geniale Querdenkerin.“ – „Wer sagt das?“
- „Es ist doch offensichtlich, dass Herr Bruns der geeignete Mann für diesen Job ist.“ – „Für wen ist das offensichtlich?“

Bei Bewertungen erhalten Sie die ausgelassenen Informationen, indem Sie fragen: „Wer kommt zu dieser Einschätzung?“

T5 Nominalisierungen

Von einer Nominalisierung spricht man, wenn ein Verb, das einen dynamischen Prozess beschreibt, in ein Substantiv verwandelt wird. Aus einem andauernden Vorgang wurde damit ein abgeschlossenes Ereignis, das der Kontrolle des Sprechenden entzogen scheint. Durch kluge Rückfragen lässt sich der Gestaltungsspielraum wieder erheblich erweitern.

- „Alle meine Bemühungen waren vergeblich.“ – „Was haben Sie genau unternommen?“
- „Wir sollten unsere Kommunikation verbessern.“ – „Wie sollten wir Ihrer Meinung nach in Zukunft miteinander sprechen?“

Bei Nominalisierungen erhalten Sie die ausgelassenen Informationen, indem Sie die Aussage wieder in Prozessworte zurückverwandeln.

Verzerrungen

V1 Gedankenlesen

Beim Gedankenlesen geht jemand davon aus, dass er die inneren Vorgänge eines anderen Menschen genau erfasst. Dafür mögen tatsächlich einige körpersprachliche Signale sprechen, die intuitiv aufgenommen wurden. Meist handelt es sich aber um reine Projektionen. Dann unterstellt jemand der anderen Person die Gefühle und Gedanken, die er selbst in solch einer Situation hätte.

- „Unsere Vertriebsleiterin mag mich nicht." – „Woher wissen Sie das?"
- „Ich weiß genau, was das Beste für Herrn Müller ist." – „Wie kommen Sie zu dieser Einschätzung?"

Wenn Gedankenlesen stattfindet, erhalten Sie die ausgelassenen Informationen, indem Sie fragen: „Woher genau wissen Sie, dass …?"

V2 Ursache – Wirkung

Zusammenhänge werden verzerrt dargestellt, wenn eine ursächliche Verknüpfung gar nicht zwingend gegeben ist. Reagiert jemand auf das Verhalten anderer und fühlt sich deswegen als Opfer, leugnet er damit seine eigene Wahlfreiheit. Das ist dann der entscheidende Grund für das Ohnmachtsgefühl. Sinnvoller ist es, Gefühle als Reaktion auf erfüllte oder unerfüllte Bedürfnisse zu verstehen.

- „Ihre Ausreden machen mich wütend." – „Wie genau schafft sie es, dass du so wütend wirst? Liegt es vielleicht auch daran, dass dir Ehrlichkeit generell sehr wichtig ist?"

- „Es nervt mich, wenn die Leute sich während meiner Präsentation unterhalten." – „Du möchtest Aufmerksamkeit und Wertschätzung, wenn du etwas vorträgst."

Bei Behauptungen von Ursache und Wirkung erhalten Sie die ausgelassenen Informationen, indem Sie fragen: „Wie hängt das eine mit dem anderen zusammen?" Zugleich können Sie andere Zusammenhänge ins Spiel bringen, bei denen der Betroffene wieder Einfluss gewinnen kann.

V3 Gleichsetzung unterschiedlicher Sachverhalte

Wenn zwei verschiedene Aussagen so miteinander verbunden werden, dass sie einander entsprechend erscheinen, dann liegt eine Gleichsetzung unterschiedlicher Sachverhalte vor. Der eine wird kurzerhand wie ein Synonym des anderen behandelt.

- „Du strahlst gar nicht. Gefällt dir mein Vorschlag etwa nicht?" – „Wieso soll sich meine Zustimmung unbedingt in einem Strahlen ausdrücken?"
- „Sie schaut mich gar nicht an, wenn ich mit ihr rede. Sie will mir einfach nicht zuhören." – „Wieso schließt du vom Wegsehen darauf, dass sie dir nicht zuhört?"

Wenn unterschiedliche Sachverhalte gleichgesetzt werden, erhalten Sie die ausgelassenen Informationen, indem Sie fragen: „Wieso bedeutet das eine gleichzeitig das andere?"

V4 Vorannahmen

Hinter vielen Äußerungen verbergen sich unausgesprochene Vorannahmen. Oft treten sie gut versteckt im Gewand von Warum-Fragen auf. Hinterfragt oder thematisiert der Hörer sie nicht, dann sitzt er schnell in der Falle.

Denn es sieht dann so aus, als hätte er der stillschweigenden Vorannahme zugestimmt.

- „Sie werden mir doch nicht etwa noch mehr Lügen auftischen?" – „Wie kommen Sie zu der Annahme, dass ich Sie bisher belogen habe?"
- „Warum lassen Sie sich von Herrn Schneider immer so bevormunden?" – „Sie meinen, dass ich mich von ihm bevormunden lasse?"

Bei Vorannahmen erhalten Sie die ausgelassenen Informationen, indem Sie fragen: „Wie kommen Sie zu der Annahme, dass ...?"

Generalisierungen

G1 Übertreibende Generalisierungen

Bei übertreibenden Generalisierungen (Verallgemeinerungen) wird die Gültigkeit einzelner Erfahrungen auf unzulässige Weise ausgeweitet. Sprachlich äußert sich das in der Regel durch Worte wie „alle", „niemand", „immer", „nie", „keine" usw. Wird der Sprecher angeregt, nach Ausnahmefällen Ausschau zu halten, eröffnet das zugleich wieder seine Wahlmöglichkeiten im Verhalten.

- „Sie kommen ja immer zu spät." – „Wollen Sie damit sagen, dass ich noch nie pünktlich gewesen bin?"
- „Alle sind hier der Meinung, dass Frau Kirschner die Filiale in Augsburg übernehmen sollte." – „Haben sich wirklich alle so geäußert?"

Bei übertreibenden Generalisierungen erhalten Sie die ausgelassenen Informationen, indem Sie nach Gegenbeispielen fragen.

G2 Behauptungen der Notwendigkeit

Die Modalverben „müssen“ und „sollen“ drücken eine Fremdbestimmung aus. Sie lassen keine bzw. so gut wie keine Wahlfreiheit zu, indem sie eine bestimmte Auffassung generalisiert haben.

- „Gegenüber Vorgesetzten sollte man sich niemals zu persönlich äußern.“ – „Was würde sonst geschehen?“
- „Ich muss am Wochenende den Dienst übernehmen, obwohl ich etwas anderes vorhatte.“ – „Was hindert dich daran, deiner Chefin zu sagen, dass es für dich einfach nicht geht?“

Bei Behauptungen der Notwendigkeit erhalten Sie die ausgelassenen Informationen, indem Sie fragen: „Was würde passieren, wenn du es tun oder nicht tun würdest?“

G3 Behauptungen der Unmöglichkeit

Auch Formulierungen wie „nicht können“ oder „es ist unmöglich“ führen zu Selbsteinschränkungen. Werden diese Behauptungen hinterfragt, kann der Sprecher seine bisher selbst gesetzten Grenzen überschreiten.

- „Ich kann ihm nicht die Wahrheit sagen.“ – „Was würde sonst passieren?“
- „Es ist zurzeit ganz und gar unmöglich, erfahrene Ingenieure mit betriebswirtschaftlichem Hintergrund zu finden.“ – „Wo haben Sie denn schon überall gesucht?“

Bei Behauptungen der Unmöglichkeit erhalten Sie die ausgelassenen Informationen, indem Sie fragen: „Was würde sonst passieren?“ oder „Haben Sie schon alle Möglichkeiten ausgeschöpft?“

Übung 10

Bestimmen Sie bei den folgenden Sätzen, welches sprachliche Muster ausgelassener Informationen Sie erkennen. Wie würden Sie die fehlenden Informationen erfragen?

Welches Sprachmuster liegt hier vor?	T1–5, V1–4 oder G1–3
1. „Ich bekomme keine Anerkennung von Frau Mall."	
2. „Unser Abteilungsleiter schätzt unsere Arbeit nicht."	
3. „Niemand unterstützt mich bei meiner Arbeit. Immer muss ich alles allein machen."	
4. „Sie sagen ja gar nichts; es interessiert Sie wohl nicht."	
5. „Über einen Freizeitausgleich wegen der geleisteten Überstunden kann ich mit meinem Chef nicht reden."	

Unsere Lösungsvorschläge finden Sie auf Seite 121.

Das Meta-Modell der Sprache ist ein wirkungsvolles Instrument, um fehlende Informationen ausfindig zu machen. Wenn Sie gezielt nach ihnen fragen, können Sie in wichtigen Gesprächen immer häufiger auf das Hellsehen verzichten. Das hat den Vorteil, dass Sie sich beim Hören nicht zu stark in Ihrer eigenen Phantasie bewegen und Vermutungen darüber anstellen, was der Sprecher wohl mit seinen Äußerungen gemeint haben könnte.

Bei unpräzisen Aussagen bitten Sie direkt um Aufklärung, um den anderen möglichst genau zu verstehen.

Fehlende Informationen ausfindig machen

Kommunikationsprofis wie Verhandlungsexperten tun das schon lange. Sie haben einen ausgeprägten Spürsinn für unpräzise Angaben und besitzen auch den Mut, an solchen Stellen sofort nachzufragen.

> Indem sie sich die Aussagen ihres Gegenübers präzisieren lassen, schaffen sie sich einen geeigneten Ansatzpunkt, an dem sie ihren Vorschlag clever einfädeln können.

Äußert ein Kunde zum Beispiel den Einwand, dass ihm ein angebotenes Produkt zu teuer sei, fragt der erfahrene Verkäufer gezielt nach dem Vergleichsmaßstab. Vergleicht der Kunde das Produkt mit anderen, die günstiger sind, wird der Verkäufer auf die hervorragende Qualität seiner Ware zu sprechen kommen, die eben nicht mit den anderen Produkten vergleichbar ist. Dann muss sich der Kunde entscheiden, was er will.

Gibt der Kunde jedoch zu erkennen, dass ihm das Produkt zu teuer ist, weil er zurzeit knapp bei Kasse ist, wird der kluge Verkäufer auf geeignete Finanzierungsmöglichkeiten hinweisen. Auf keinen Fall wird er sich jedoch mit der Aussage zufriedengeben, dass etwas zu teuer sei. Und zwar nicht, weil er um jeden Preis einen Abschluss erreichen möchte, sondern vielmehr, weil er bis dahin zu wenig Informationen besitzt, um sein Verhalten optimal auf den Kunden einzustellen.

Auch Coaches und Berater fragen bei ihren Klienten nach, um sie auf diese Weise bei der Problemlösung zu unterstützen. Sie weisen Klienten zum Beispiel auf selbst auferlegte Einschränkungen hin und eröffnen ihnen dadurch neue Perspektiven.

Nachfragen hilft auch bei unsachlichen Angriffen

Sehr sinnvoll ist das Nachfragen auch, wenn Sie unsachlichen Angriffen ausgesetzt sind. Statt inhaltlich zu reagieren, drehen Sie den Spieß einfach um und weisen den Angreifer auf seine sprachliche Ungenauigkeit hin.

> Denn erst, wenn Sie genau wissen, was die andere Person von Ihnen will, können Sie angemessen reagieren.

Auf diesem Weg gewinnen Sie Zeit und sind schon viel gefasster, wenn der Angreifer nun seinen zweiten Versuch unternimmt. Meist fällt der auch viel milder aus, wenn Sie zuvor durch Ihre Rückfrage zur Versachlichung beigetragen haben.

Beispiel
A: „So etwas sagt doch kein vernünftiger Mensch?"
B: „Was verstehen Sie unter Vernunft?"

3 Die Machtfrage in der Kommunikation

Wer das Sagen hat

Kommunikation kann nur dann gelingen, wenn die Gesprächspartner zu einer gleichen Situationseinschätzung gelangen. Viele Besprechungen werden oft deswegen zur Geduldsprobe, weil der Rahmen für den Besprechungsanlass nicht ausreichend geklärt ist.

> Für formelle Gespräche empfiehlt es sich, den Rahmen für die Zusammenkunft möglichst transparent zu machen.

Wer zum Beispiel ein Kritik- oder Konfliktgespräch führen möchte, sollte seinen Gesprächspartner nicht „zwischen Tür und Angel" überraschen, sondern das Gespräch fairerweise rechtzeitig ankündigen. Dazu zählt die Vereinbarung eines Gesprächstermins und die Erwähnung des Gesprächsanlasses. Nur so kann sich ein Mitarbeiter auf die Gesprächssituation einlassen. Bei Teambesprechungen ist es wichtig, dass klar feststeht, was an diesem Tag zur Diskussion steht und was nicht. Was ist der Anlass des Treffens und welche Ziele sollen erreicht werden?

In Ratgebern zum Besprechungsmanagement und zu Personalgesprächen finden Sie viele wertvolle Anregungen, wie Sie die Effektivität von Gesprächen bewusst steigern können, indem Sie für eine eindeutige Situationsklärung sorgen. Die Botschaft lautet dabei zurecht: Sorgen Sie für Transparenz bei diesen formellen Gesprächsanlässen.

Die vernachlässigte Größe – die Machtfrage

Uns interessiert hier jedoch etwas anderes, nämlich die Frage: Wie wird eine Situation in den vielen informellen Gesprächen des beruflichen und privaten Alltags geklärt – also dort, wo es

in der Regel nicht bewusst geschieht und dennoch sehr wirkungsvoll ist? Denn Situationsdefinitionen werden hier „unter der Hand“ ausgemacht. Und der, der sich durchsetzt, bestimmt damit, über was gesprochen wird und was am Ende herauskommt. Es geht dabei schlicht um Macht.
In Ratgebern zum Thema Kommunikation wird dieser Aspekt leider allzu oft vernachlässigt. Der Hamburger Kommunikationspsychologe Friedemann Schulz von Thun stellt bedauernd fest: „Besteht im professionellen und politischen Bereich die Kunst häufig nicht gerade darin, Situationen so zu gestalten, dass das strategische Kalkül hinter der offiziellen Situationsdefinition verborgen bleibt? Tatsächlich, wir von der Fortbildung sind häufig in Gefahr, unseren Teilnehmern den Gebrauch der ‚weißen Tasten‘ beizubringen, während in der Realität die Musik von den Virtuosen der ‚schwarzen Tasten‘ gespielt wird. Holzauge, sei wachsam! Wachsamkeit gelingt aber nur dem, der weiß, wie die Melodie klingen würde, wenn sie mit weißen Tasten gespielt würde.“ (Friedemann Schulz von Thun, „Miteinander reden 3. Das ‚innere Team‘ und situationsgerechte Kommunikation“. Copyright © 1998 by Rowohlt Taschenbuch Verlag GmbH, Reinbek bei Hamburg)

Wer handelt, schafft Fakten

Dabei wollen wir es nicht bewenden lassen. Wir wollen Ihr Bewusstsein für die tatsächlichen Vorgänge schärfen. Und dabei sollten wir uns nichts vormachen:

> Jegliche Kommunikation ist über Macht organisiert. Denn Macht ist eine Grundbedingung des Handelns.

Sie ist die Handlungsform, die auf die Selbstbehauptung des Menschen zielt. Die wohl bekannteste Definition stammt von dem Soziologen Max Weber (1864–1920). Er versteht unter Macht die Chance, die eigenen Interessen auch gegen den Widerstand anderer durchsetzen zu können. Dabei muss es erst gar nicht zum Widerstand kommen.

Macht ist schon dann gegeben, wenn wir mit unserem Handeln Fakten schaffen, die die Handlungsmöglichkeiten der anderen einschränken. Die Macht reicht damit jeweils so weit, wie sie von einer Gegenmacht begrenzt wird. Sobald wir auf die Unterstützung anderer angewiesen sind, schränken wir unseren Machtanspruch ein, weil er sonst ins Leere liefe.

> Gefährlich wird Macht erst dann, wenn sie durch keine Gegenpotenziale mehr aufgehalten werden kann.

Dann erst wird sie zu dem Schreckgespenst, das sie für viele so beängstigend macht: ein Mittel, das zum Selbstzweck geworden ist. Macht ruft dann nach immer mehr Macht, die andere in ihre Abhängigkeit bringt. Die einfache Handlungsmacht hat sich dann zu einer Macht über andere gesteigert.

Übung 11

Wie sieht Ihr ganz persönliches Verhältnis zur Macht aus? Hat das Wort einen negativen Klang für Sie? Stellen Sie fest, dass Sie schnell nachgeben und anderen das Feld überlassen? Oder macht es Ihnen Spaß, Einfluss auf Situationen auszuüben und auch im Konfliktfall für Ihre Interessen einzutreten?

3.1 Statusspiele: Wer oben und wer unten ist

Wir alle haben einen gewohnheitsmäßigen Stil, wie wir uns in Situationen verhalten, in denen es um die Verfolgung unserer Interessen geht. Das schließt nicht aus, dass wir uns auch mal von einer ganz ungewohnten und überraschenden Seite zeigen können. Finden Sie also bei der folgenden Übung heraus, wie Sie in der geschilderten Situation auf eine typische Weise reagieren würden.

Übung 12

Stellen Sie sich vor, Sie haben zwei Geschäftspartner zu einem Arbeitsessen in ein Restaurant am Rande der Stadt eingeladen. Ihre Sekretärin hat leider vergessen, einen Tisch reservieren zu lassen, doch zum Glück wird bei Ihrem Eintreffen gerade ein Tisch für drei Personen frei. Während Ihre Begleiter am Eingang stehen bleiben und interessiert die kunstvolle Deckengestaltung des Raumes bewundern, eilen Sie flink zu dem frei gewordenen Tisch und legen Ihren Mantel über einen Stuhl, zum Zeichen dafür, dass der Tisch nun Ihrer sei. Dann gesellen Sie sich noch kurz zu Ihren Geschäftspartnern und bitten diese, Platz zu nehmen. Doch was sehen Sie da? Just in diesem Moment lässt sich ein junges Pärchen an Ihrem Tisch nieder. Als Sie die beiden darauf aufmerksam machen, dass Sie als erster da waren und den Tisch mit Ihrem Mantel reserviert haben, lachen die beiden nur. Den hätten sie nun wirklich nicht gesehen – und außerdem stünde Ihnen dieser Stuhl auch jederzeit zur Verfügung. Nur aufstehen würden sie nicht mehr. Es sei schließlich ihr Platz …

Wie reagieren Sie? Akzeptieren Sie die Lage als aussichtslos, weil das Pärchen mit seinem Verhalten vollendete Tatsachen geschaffen hat? Oder geben Sie die Sache noch nicht so schnell verloren?

Wie groß Ihr Einfluss auf die Gestaltung dieser verfahrenen Situation ist, hängt entscheidend davon ab, welchen Status Sie in der Auseinandersetzung mit dem jungen Pärchen einnehmen.

> Denn Status ist die verkörperte Macht und signalisiert anderen unausgesprochen, wie wir für unsere Interessen eintreten werden.

An unserer inneren wie äußeren Haltung lässt sich das leicht ablesen. Manche Menschen bevorzugen gewohnheitsmäßig einen Tiefstatus, andere einen Hochstatus. Das läuft weitgehend unbewusst ab. Die Bezeichnungen Hoch- und Tiefstatus sind am Theater geläufige Begriffe. Viele Schauspieler sind im Laufe der Zeit so auf ein Rollenfach festgelegt, dass ein Wechsel mitunter unglaubwürdig scheint. Wer jahrelang den „Proll“ oder „kleinen Mann“ verkörpert hat und nun auf einmal den international agierenden Topmanager darstellen soll, muss sehr gut sein, um die Zuschauer von seiner Rolle überzeugen zu können. Aber gerade das zeichnet hervorragende Schauspieler aus.

Tom Schmitt und Michael Esser beschreiben in ihrem Buch „Status-Spiele“ ein einfaches Statusmodell, das zwischen innerem und äußerem Status unterscheidet und durch die jeweilige Kombination vier verschiedene Haltungen erfasst.

Innen tief – außen tief

Wer aus dem doppelten Tiefstatus handelt, glaubt nicht an seine Durchsetzungschance und zeigt sich nach außen hin freundlich und nachgiebig. Hier treffen wir in den meisten Fällen auf konfliktscheue Menschen, die um des lieben Friedens Willen ihre eigenen Interessen zu kurz kommen lassen. Ein Machtwille ist ihnen in der Regel fremd. Sie nehmen sich selbst zurück und haben viel Verständnis für die Bedürfnisse ihrer Mitmenschen. Von anderen werden sie als rücksichtsvoll und sehr anpassungsfähig wahrgenommen. Sie überlassen vorzugsweise anderen die Gestaltung einer Situation.

Im **Restaurant-Beispiel** wäre dieser Mensch vermutlich freundlich an den Tisch des Pärchens herangetreten und hätte diskret und fast schon entschuldigend darauf hingewiesen, dass der Tisch eigentlich ihm zustehe. Da er wahrscheinlich schnell gemerkt hätte, dass er sich mit dieser zaudernden Art schlecht durchsetzen kann, hätte er sich mit Blick auf die weit wichtigere entspannte Atmosphäre beim gemeinsamen Arbeitsessen zurückgezogen und auf einen demnächst frei werdenden Tisch an anderer Stelle gehofft.

Innen tief – außen hoch

Auch in diesem Zustand fühlt sich jemand ohnmächtig. Innerlich macht sich Hilflosigkeit breit, die sich äußerlich in einer empörten Haltung entlädt. Hier plustert sich jemand nach außen hin auf, greift zu Drohgebärden oder wird laut und anklagend. Für andere ist schnell spürbar, dass der außen hohe Status nicht von einer inneren Souveränität getragen ist. Diese Person lässt sich blind von ihren aufwallenden und hilflosen Gefühlen beherrschen. Der äußere Hochstatus soll andere zwar in die Knie zwingen, schafft es in dieser Aufgeblasenheit aber meist nicht. So erntet jemand weder Respekt noch Sympathie.

Dieser Zustand ist im **Restaurant-Beispiel** gegeben, wenn Sie gleich im ersten Schreck an den Tisch der beiden herantreten und sich über deren Unverschämtheit ärgern. Zunächst würden Sie etwas aufgebracht und mit nervöser Stimme vorbringen, dass das Ihr Tisch sei. Wenn das Pärchen keine Einsicht zeigt, würden Sie laut oder grundsätzlich werden. Die jungen Leute müssten etwa mit folgenden Äußerungen rechnen:

- „Das ist ja eine Frechheit, was Sie sich da herausnehmen."
- „Ich werde den Geschäftsführer rufen. Das geht so nicht."
- „Sie werden mich noch kennenlernen und das bitter bereuen."

Innen hoch – außen hoch

Wer innen und außen hoch agiert, lässt keine Zweifel daran aufkommen, dass er sein Ziel erreicht. Hier haben wir jemanden vor uns, der genau weiß, was er will, und auch bereit ist, das durchzusetzen. Dies strahlt er seinen Mitmenschen gegenüber auch deutlich aus. Damit erntet er vor allem Respekt, nicht aber unbedingt Sympathie. Wir sprechen hier von den Menschen, die gefürchtet und geachtet sind, aber nicht geliebt. Als Chefs geben sie gern solche Sprüche von sich: „Ihr müsst mich nicht lieben, nur tun, was ich sage." Ein deutliches Machtgebaren. Was bei ihnen oft zu kurz kommt, sind Diplomatie und Einfühlungsvermögen. Damit stehen sie sich und ihrem Erfolg letztlich auch im Weg.

Mit dieser Haltung verspüren Sie im obigen **Restaurant-Beispiel** weder Hilflosigkeit noch Zweifel. Die Opferrolle wäre Ihnen fremd, weil Sie voll und ganz davon überzeugt wären, dass Sie im Recht sind. Ruhig und entschiedenen Schrittes würden Sie auf die beiden jungen Leute zugehen und ihnen unmissverständlich klarmachen, dass sie am falschen Tisch sitzen. Sie müssten sich leider einen anderen Platz suchen. An Ihrem Tonfall würden die anderen merken, dass es für Sie keinen weiteren Gesprächsbedarf gibt. Sie haben die Situation schließlich eindeutig definiert. Ihre Härte und Ihre Haltung von oben herab dürften bei den beiden entweder Gehorsam erzeugen oder Widerstand provozieren. Es sei denn, das Pärchen würde souverän reagieren, was am besten aus der nächsten Haltung heraus gelingt.

Innen hoch – außen tief

Wer aus einem inneren Hochstatus handelt, weiß klar um seine Interessen. Aus Erfahrung vertraut er auf sein Geschick, eine gute Realisierungsmöglichkeit für deren Erfüllung zu finden. Dazu geht er allerdings nicht mit dem Kopf durch die Wand, sondern weiß, dass dazu oft die Mitwirkung anderer Menschen erforderlich ist. Um deren Wohlwollen zu erreichen, geht er nach außen mitunter bewusst in den Tiefstatus. Er dirigiert also nicht vom hohen Ross herunter, sondern versucht, Verständnis und Sympathie seiner Mitmenschen zu gewinnen, um in der Sache weiterzukommen. Das erlaubt ihm eine gewisse Eleganz in seinen Handlungen.
Solche Menschen erfahren sehr häufig unsere Bewunderung. Zum einen haben wir großen Respekt vor ihnen, weil wir in ihrer Klarheit und Geradlinigkeit ihren inneren Hochstatus spüren. Zum anderen finden wir sie auch sehr sympathisch, weil wir uns als Mensch mit unseren Bedürfnissen wahrgenommen fühlen. Diese Gemengelage macht sie für viele so unwiderstehlich.

Wenn Sie aus dieser Haltung das junge Pärchen aus dem **Restaurant-Beispiel** überrascht am Tisch erblicken, werden Sie innerlich ruhig bleiben und sehr freundlich auf die beiden zugehen. Höflich und eindeutig erklären Sie: „Verzeihung, dieser Tisch ist leider schon für uns reserviert. Schauen Sie, da liegt bereits mein Mantel.“ Wenn die Leute nicht bereit sind, den Tisch wieder zu verlassen, zeigen Sie Verständnis für deren Lage: „Diese Unannehmlichkeit tut mir leid für Sie. Ich kümmere mich darum, Ihnen weiterzuhelfen. Warten Sie, ich rufe den Kellner, der Ihnen sicher gleich einen anderen Platz beschaffen kann.“ Bei aller Zuvorkommenheit würden Sie so keinen Zweifel daran lassen, dass Sie die Person sind, die die Situation entscheidend definiert und gestaltet.

Übung 13

Schärfen Sie Ihr Bewusstsein für Statusspiele: Wie reagieren Sie auf Menschen, die aus dem inneren oder äußeren Hochstatus handeln? Beeindruckt Sie das sehr? Wird dadurch Ihr Selbstwertgefühl beeinträchtigt, sodass Sie automatisch in den inneren Tiefstatus rutschen und der anderen Person großteils die Gestaltung der Situation überlassen? Falls ja, dann beschäftigen Sie sich mehr mit den Spielregeln der alltäglichen Machtspiele. Das macht Sie flexibler in Ihren Verhaltensweisen.

3.2 Aspekte der Machtinszenierung

In den Machtspielen des Alltags werden im Gerangel um den Status dauernd Verhaltensweisen in Szene gesetzt, die den anderen beeindrucken sollen. Wer die Signale der inszenierten Überlegenheit durchschaut, nimmt ihnen bereits ihre einschüchternde Wirkung. Und wer sie souverän und spielerisch einsetzt, kann damit seinen Interessen je nach Umfeld mehr Durchsetzungskraft verleihen.
Ob Sie im Einzelfall auf derartige Mittel zurückgreifen wollen, entscheidet allein Ihr Gewissen. Denn Macht findet

nicht nur in der Gegenmacht der anderen ihre Grenze, sondern auch in der persönlichen Selbstbindung des Gewissens. Und das ist entscheidend durch die Moral geprägt, die bekanntlich klärt, wie wir mit den Interessen der anderen umgehen.

Der Mächtige nimmt sich mehr Raum

Mächtigere beanspruchen mehr Raum als andere. Ihre Büros, ihre Autos und ihre Häuser sind größer als die der anderen. Ihr Territorium ist gut geschützt. Je mächtiger jemand ist, umso mehr Stufen der Erniedrigung müssen durchlaufen werden, um sein Revier betreten zu dürfen (Termin geben lassen, Vorzimmerdame gnädig stimmen, Warten usw.). Umgekehrt kann der Mächtige ungefragt in das Territorium des Untergebenen eindringen. Ohne anzuklopfen tritt er ein, klopft dem Mitarbeiter auf die Schulter und setzt sich an dessen Schreibtisch.

Sind die Machtverhältnisse bereits derart stabilisiert, wird es kaum mehr zu einem Statusgerangel kommen. Spannender ist es, wenn der Status erst noch ausgehandelt wird. Dann erkennen wir:

> Der Mächtigere nimmt sich mehr vom gemeinsamen Raum. Er steht breitbeinig da. Seine Gestik ist ausladender.

Oft versucht er, sich größer zu machen als er ist. Dazu stemmt er gerne die Hände in die Hüfte und bringt die Brust weit heraus. Ganz das Gegenteil eines Menschen, der den Tiefstatus verkörpert. Untergeordnete machen sich klein. Sie stehen schmaler und behalten Arme und Hände nah am Körper. Im Sitzen ziehen sie die Füße ein, sodass sie nicht zusätzlich den öffentlichen Raum in Anspruch nehmen. Sie berühren sich häufiger im Gesicht, was Körperspracheexperten als eine Selbstberuhigungsgeste bezeichnen.

Der Mächtige hält den Blickkontakt länger

Der fixierende Blick wirkt bedrohlich. Niemand will angestarrt werden. Deswegen unterbrechen wir bei Begegnungen nach etwa zwei bis drei Sekunden kurz den Blickkontakt, um nicht den Eindruck einer Konfrontation entstehen zu lassen.

> Aus dem Hochstatus heraus wird länger und durchdringender geschaut, aus dem Tiefstatus kürzer, dafür öfter. Der eine Blick wirkt ruhig und gelassen, der andere flüchtig und unruhig.

In Gesprächssituationen gibt es noch eine Besonderheit: Während der Dominante spricht, blickt er den Untergeordneten häufig an. So betont er seinen aktiven Status und versichert sich, dass der andere auch wirklich zuhört und ihn nicht unterbricht. Als Zuhörer schaut er den Sprecher viel seltener an. Möglicherweise beschäftigt er sich nebenher mit anderen Dingen. So signalisiert er, dass er den Sprecher nicht ermutigen möchte, längere Zeit in der aktiven Rolle des Redners zu bleiben.

Wer aus dem Tiefstatus handelt, verhält sich genau entgegengesetzt. Beim Sprechen schaut diese Person den Zuhörer seltener an. Das ist ein Zeichen der Unsicherheit. Denn der Rangniedrigere befürchtet Missfallensäußerungen des Mächtigen und wendet sich vor dieser Gefahr ab. Als Zuhörer schenkt er dem Ranghöheren jedoch viel Aufmerksamkeit. Er richtet sich visuell stark am Sprecher aus. Das schmeichelt diesem natürlich und lässt ihn die tonangebende Rolle noch freudiger ausfüllen. Dieser Zustand wird noch verstärkt, wenn der Zuhörer den anderen lächelnd anblickt. Denn Lächeln wirkt besänftigend und signalisiert Zustimmung.

> Kein Wunder also, dass Mitarbeiter ihre Chefs häufiger anlächeln als umgekehrt.

Übung 14

Experimentieren Sie im Umgang mit anderen Menschen bewusst mit Signalen des Hoch- oder Tiefstatus. Durchbrechen Sie dabei Ihren bevorzugten Verhaltensstil. Wenn Sie also gewohnheitsmäßig aus dem Tiefstatus handeln, dann senden Sie ganz bewusst einige Hochstatussignale. Nehmen Sie mehr Raum ein, richten Sie sich deutlich auf, verzichten Sie hin und wieder auf ein beschwichtigendes Lächeln und werden Sie steuernder im Blickkontakt. Und falls Sie sich vorzugsweise im Hochstatus befinden, testen Sie einmal die Wirkung der Tiefstatussignale aus. Sie werden Überraschungen erleben.

3.3 Das Wort erobern: Wer hat die Sendeerlaubnis?

Gute Gespräche sind ein Wechselspiel. Beide Gesprächspartner kommen ausreichend zu Wort, sodass sie sagen können, was sie wollen. Dominiert einer das Gespräch und lässt den anderen kaum zu Wort kommen, wird dieser enttäuscht sein. Dem Dominanten wird dann oft vorgeworfen, er habe zu wenig Einfühlungsvermögen. Vielleicht hat er die gesendeten Zeichen aber nur anders gedeutet als sein Zuhörer sie gemeint hat. Dann liegt ein klassisches Kommunikationsproblem vor, für das beide Partner verantwortlich sind.

In einem reibungslosen Wechselspiel gelingen die Übergänge von einem zum anderen Sprecher fast nahtlos. Keiner fällt dem anderen ins Wort und trotzdem entstehen keine unangenehmen Pausen. Das funktioniert nur deswegen, weil die Signale für den Gesprächsverlauf gegenseitig verstanden werden. Folgende vier Signale bestimmen einen geordneten Wechsel von Sprechen und Zuhören:

- Beharrungssignale
- Übergabesignale
- Ablösesignale
- Verzichtssignale

Beharrungssignale – „Ich bin noch nicht fertig“

Wenn der Sprecher noch nicht daran denkt, dem Zuhörer das Wort zu überlassen, wird er es diesem durch verschiedene Beharrungssignale anzeigen.

Zum einen mit der Sprechmelodie. Normalerweise gehen wir mit der Stimme nach unten, um eine Aussage zu beenden. So kommen wir sprichwörtlich auf den Punkt. Wer nicht unterbrochen werden möchte, senkt die Stimme gar nicht erst ab und zeigt so, dass er sich noch mitten im Redefluss befindet.

Nun muss aber auch der eifrigste Redner zwischendurch mal Luft holen und dazu eine kleine Atempause einlegen. Um an dieser Stelle nicht unterbrochen zu werden, greifen viele erfahrene Debattenredner auf einen bewährten Trick zurück: Sie holen nicht am Ende eines Satzes Luft, wenn eine Sinneinheit abgeschlossen ist, sondern an einer Stelle, an der es niemand erwartet – mitten im Satz. Dann wird für jeden deutlich, dass der Gedanke noch nicht zu Ende geführt ist. Wer an dieser Stelle das Wort übernehmen möchte, sieht sich schnell dem Vorwurf der Unhöflichkeit ausgesetzt. Der Sprecher wird Ihren Unterbrechungsversuch kontern, indem er sagt: „Lassen Sie mich doch bitte wenigstens meinen Gedanken zu Ende bringen. Dann dürfen Sie gerne wieder reden.“ So behält der unhöfliche Manipulator das Heft in der Hand, indem er den anderen der Unhöflichkeit bezichtigt. Das ist ein Machtspiel von der unangenehmen Sorte.

Ein weiteres Beharrungssignal ist das lebhafte Gestikulieren. Solange die Arme in Bewegung sind, befindet sich jemand noch mitten im Redefluss und zeigt, dass er mit seinen Ausführungen noch nicht fertig ist.

Oder jemand zählt zu Beginn gleich mehrere Punkte auf, die er erwähnen möchte. Befindet er sich gerade an Punkt 2 und schneidet danach Punkt 3 an, vielleicht noch unterstützt durch das Antippen des Mittelfingers als Zeichen der Reihenfolge, ist klar, dass er den angekündigten Zusammenhang noch ausführen möchte. Oft werden dazu auch sprachliche Formulierungen benutzt, die eine zwingende Verbindung zum bereits Gesagten herstellen: „Daraus folgt“, „also“, „deswegen“, „aus diesem Grund“ usw.

Übergabesignale – „Jetzt sind Sie gleich dran“

Will der Redner dem Zuhörer das Wort überlassen, muss er schon vor Ende seines Redebeitrags Signale senden, die einen nahtlosen Übergang gewährleisten. Er wird mit der Stimme nach unten gehen und eventuell das Sprechtempo verlangsamen. Der Blick wird nun wieder ganz dem Zuhörer zugewandt und manchmal wird auch ein Handzeichen Richtung Zuhörer gesendet, das sagen soll: „Sie sind dran!“ Wird diese Geste sehr gönnerhaft vollzogen, signalisiert auch sie den Hochstatus.

Ablösesignale – „Jetzt möchte ich etwas sagen“

Übung 15

Überlegen Sie, wie Sie sich gegenüber Gesprächspartnern verhalten, die am liebsten das Wort selbst behalten. Was unternehmen Sie, um selbst zu Wort zu kommen? Welche Signale senden Sie? Wie erfolgreich sind Sie damit?

Wie wird dem Sprecher signalisiert, dass der Zuhörer das Wort übernehmen möchte? Zunächst dezent. Der Zuhörer weitet zum Beispiel seine Augen und öffnet den Mund, manchmal so, dass der andere dabei das Einatmen gut hören kann. Das sind die ersten Anzeichen für den Wunsch zu sprechen. Noch deutlicher wird es, wenn jemand die Hand hebt und damit ein Stopp signalisiert.

Reagiert der Sprecher auf diese Zeichen nicht, werden wir ihn früher oder später unterbrechen. Wir fallen ihm also ins Wort. Für kurze Zeit sprechen beide gleichzeitig. Manchmal wird dann ein ganz offenes Machtspiel daraus. Jeder hofft, dass der andere aufgibt und dem anderen das Wort überlässt. Dabei existieren weit klügere Formen des Unterbrechens.

Die zuverlässigste Art, wie Sie auf der Stelle die Aufmerksamkeit Ihres Gegenübers gewinnen, ist das Aussprechen seines Namens.

Wir alle sind so geeicht auf unseren Namen, dass wir sofort aufhorchen, wenn wir ihn irgendwo hören. Wenn Sie jemanden direkt mit seinem Namen ansprechen, wird er kurz innehalten. Diese kleine Pause können Sie gezielt nutzen, um nun Ihre Meinung zu äußern.

Klug ist es auch, wenn Sie wertschätzend an die Äußerung des Sprechers anknüpfen, um dann Ihre eigene Ansicht zu platzieren. Statt Widerstand signalisieren Sie Zustimmung und übernehmen auf diese Weise das Ruder. Dafür eignen sich folgende Sätze:

- „Das finde ich sehr interessant, was Sie da sagen. Ich meine nämlich auch …“
- „Da fällt mir ein …“
- „Das erinnert mich an …“

Sie können aber auch ganz offen zu Ihrer Unterbrechung stehen und begründen, warum Sie das tun. Nämlich nicht als unhöflichen Akt, der sich gegen den anderen richtet, sondern ganz im Sinne eines konstruktiven Gesprächsverlaufs. Das klingt dann so:

„Moment bitte. Ich unterbreche Sie mal, weil mir wichtig ist, dass ich Sie richtig verstehe. Im Augenblick verliere ich den Überblick über all die Fakten.“

Verzichtssignale – „Ich will noch mehr von Ihnen hören“

Hierzu gehören alle Äußerungsformen des aktiven Zuhörens. Das reicht von den einfachen Aufmerksamkeitsreaktionen wie „hm“, „ja“, „aha“ bis zum Wiederholen und interessierten Nachfragen.
Dass das Nachfragen vom Sprecher als Verzichtssignal gewertet wird, überrascht viele Menschen. Wenn wir in unseren Seminaren Übungen machen, bei denen mehrere Teilnehmende in einer gespielten Gesprächssituation einen „Dauerredner“ erfolgreich unterbrechen sollen, dann richten sie an diese Person vorzugsweise Fragen. Das gibt ihnen im ersten Moment das gute Gefühl, auch einmal etwas gesagt und den Redner kurzzeitig unterbrochen zu haben. Zu ihrem Bedauern müssen sie alsbald feststellen, dass der Redner ihr Ablösesignal als Verzichtssignal verstanden hat. Ihre Fragen vermitteln ihm Interesse an seinen Ausführungen, weswegen er das Thema gerne noch weiter vertieft. Am Ende sind die Teilnehmenden oft entmutigt und schelten den „Dauerredner“ im Nachhinein als ignorant.
Wenn Sie sich nun nochmals Ihre Antworten von Übung 15 vornehmen, überprüfen Sie bitte, ob Sie wirkungsvolle Ablösesignale einsetzen oder irrtümlich sogar Verzichtssignale senden.

3.4 Unfaire Angriffe – wenn der andere unverschämt wird

Wie gehen Sie damit um, wenn Ihnen jemand auf unfaire Weise eine Situationsdefinition aufdrücken möchte? Auch dabei geht es natürlich um Macht. Wir wollen zwei Fälle voneinander unterscheiden:

- Zum einen solche, in denen Ihnen jemand unsachlich und unverschämt entgegentritt und Sie damit einschüchtern möchte – darum geht es im unmittelbar Folgenden.

- Zum anderen geht es um Manipulationsversuche, mit denen auf hinterlistige und oft auch charmante Weise Ihre Zustimmung erschlichen werden soll – lesen Sie hierzu Kapitel 3.5.

Zunächst also zu den unfairen Angriffen. Beginnen wir hier mit einer Übung:

Übung 16

Stellen Sie sich vor, Sie befinden sich gerade in einem Gespräch mit Ihrem Chef. Sie legen Ihre Auffassung zu einem laufenden Projekt dar und werden nun ruppig mit folgenden Worten unterbrochen: „Was verzapfen Sie denn da für einen Mist?“ Wie reagieren Sie auf diese abqualifizierende Äußerung?

Viele Menschen verteidigen sich nun und versuchen, ihre Position durch weitere Argumente zu untermauern. Andere rudern zurück und machen sich klein, so als hätte der andere recht mit seinen Vorwürfen. Da es sich bei dem Aggressor um den Chef handelt, spricht kaum jemand aus, was er innerlich denkt: „Das ist ja wohl eine Frechheit. Das muss ich mir nicht gefallen lassen.“

Nehmen Sie das Heft in die Hand

Bei aller Unterschiedlichkeit ist diesen Reaktionsweisen jedoch eines gemeinsam: Die Betroffenen *re*-agieren auf die Situationsdefinition des Angreifers. Diese wird zum Maßstab der weiteren Auseinandersetzung. Auch wer rebelliert, arbeitet sich am Machtanspruch des anderen ab. Es gibt jedoch etwas viel Geschickteres:

> Freundlich unterlaufen Sie die Situationsdefinition Ihres Gegenübers und führen eine neue ein, die eine akzeptable Ausgangsbasis für das weitere Gespräch sein kann.

Wenn sie in engem Zusammenhang zur Definition des Angreifers steht, stellt dieser die Verschiebung meist gar nicht fest. Sie haben eine Aussage einfach nur umdefiniert in eine sozial verträglichere Weise.

Im **Ausgangsfall** könnten Sie dem Chef zum Beispiel erwidern: „Sie sind offenbar anderer Meinung als ich. Was genau überzeugt Sie nicht?" Die heftige Aussage, dass Sie „Mist" reden, haben Sie so in eine Aussage über unterschiedliche Meinungen verwandelt. Das klingt schon ganz anders. Auf diese Weise geben Sie den Ball im inneren Hochstatus zurück, ohne dabei auf einen direkten Machtkampf zuzusteuern. Denn eine Kampfansage gegenüber dem Chef ist sicher nicht klug, wenn Sie Ihre eigenen Interessen weiter im Blick behalten wollen. Wir haben ja gesehen, dass die Aktion aus dem inneren Tief- und dem äußeren Hochstatus außer einer momentanen Abreaktion wenig bringt.

Weitere Beispiele für das kluge Unterlaufen einer Situationsdefinition:

- „Sie sehen das völlig falsch."
  Erwiderung: „Es gibt verschiedene Sichtweisen, wie man die Sache betrachten kann. Für mich ist entscheidend ..."
- „Sie sind doch ein unverbesserlicher Moralapostel."
  Erwiderung: „Wenn Sie damit sagen wollen, dass mir Werte wichtig sind, gebe ich Ihnen Recht."
- „Sie sind zu jung für diesen Job. Ihnen fehlt doch jegliche Erfahrung."
  Erwiderung: „Gerade deshalb gehe ich ganz unvoreingenommen an die Aufgabe. Ich bin bekannt dafür, Lösungen zu finden, wo andere keine sehen."

Wenn Sie fremde Situationsdefinitionen unterlaufen, behalten Sie das Heft des Handelns unweigerlich in der Hand. Sie lassen sich auf diese Weise nicht zum Spielball des anderen machen. So zeigen Sie Ihrem Gesprächspartner ganz klar, dass er Sie mit seiner Unsachlichkeit nicht aus dem Feld schlagen kann. Sie lassen sich Ihren Einfluss nicht nehmen.

> Ohne großes Aufsehen lassen Sie die unfaire Äußerung des anderen ins Leere laufen und unterbreiten sofort ein neues und konstruktives Kommunikationsangebot.

Auf dieser fairen Basis kann das Gespräch dann jederzeit fortgesetzt werden. Nach diesem Prinzip funktioniert auch die Schlagfertigkeit, die vom geistreichen Überraschungseffekt lebt. Denn schlagfertig sind Sie dann, wenn Sie die Erwartungshaltung des Angreifers durchbrechen und dabei entscheidend die Situation in Ihrem Sinn definieren.

Ins Leere laufen lassen und konstruktiv fortfahren

Im Kapitel über das Meta-Modell der Sprache (vgl. Kap. 2.3) haben Sie auch Fragetechniken kennengelernt, mit denen Situationsdefinitionen zunächst einmal infrage gestellt werden. Sie zeigen dem Angreifer damit, dass Sie seiner Einschätzung vorerst nicht zustimmen, sondern noch die fehlenden Informationen brauchen, die zu seiner Behauptung führten. Das sind weitere Möglichkeiten, wie Sie blinden Stressreaktionen wie Verstummen oder sofortige Verteidigung widerstehen können.
Auch mit einfachen Fragen spielen Sie den Ball zunächst zurück. Jetzt ist erst einmal der andere dran, sich zu erklären. Währenddessen gewinnen Sie die nötige Zeit, um sich wieder zu fassen und auf gefasste Art mit den weiteren Anwürfen umzugehen.
In der Rhetorik wird immer wieder ein Mittel genannt, mit dem Sie es einem Angreifer schwer machen können. Das ist die so genannte Definitionsabfrage. Denn es ist gar nicht so leicht, auf die Bitte nach einer klar umrissenen Definition eine genaue Antwort zu geben.

Beispiel

„Ihre Mitarbeiter arbeiten doch absolut unprofessionell.“ – „Was genau meinen Sie mit Professionalität in diesem Zusammenhang?“
Es kann sein, dass Ihr Gesprächspartner nun ausweicht und sich vor einer Definition drückt, indem er erwidert: „Wenn Sie das nicht wissen, tun Sie mir auch leid. Dann ist Ihnen wirklich nicht zu helfen.“

Lassen Sie sich durch solch eine Erwiderung nicht aus dem Konzept bringen. Signalisieren Sie, dass Sie standhaft und beharrlich bleiben: „Ich habe meine Frage ernst gemeint. Ich möchte genau verstehen, um was es Ihnen geht. Nur so kann ich Sie unterstützen."

3.5 Manipulation – wenn Zustimmung erschlichen wird

Anders als der Aggressor drückt Ihnen der Manipulator seine Sicht der Dinge nicht mit Gewalt auf. Er erschleicht sich Ihre Zustimmung, indem er Ihren kritischen Verstand ausschaltet. Sie sollen über den Tisch gezogen werden, ohne dass Sie es bemerken. Unsere üblichen Widerstandsmechanismen werden auf diese Weise außer Kraft gesetzt, weil wir ja selbst zustimmen. Erst im Nachhinein stellen wir dann fest, dass wir gegen unsere eigenen Interessen gehandelt haben.

Wie konnte das passieren? Studieren Sie es an den folgenden ausgewählten Manipulationstechniken. Wahrscheinlich kommen Ihnen einige sehr bekannt vor. Je schneller Sie diese Taktiken im Alltag bewusst identifizieren können, umso weniger werden Sie zum Opfer listiger Verführer.

Evidenztaktik – „Es ist doch wohl unbestritten, dass ..."

Was steht Ihrer Zustimmung eigentlich im Weg, wenn es für jedermann und jede Frau offensichtlich ist, dass die Tatsachen nun einmal so sind und keiner weiteren Erklärung bedürfen? Selbst in Gerichtsurteilen ist im Begründungsteil zu lesen, dass alle recht und billig denkenden Menschen eine bestimmte Einschätzung der Lage teilen. Das soll weitere komplizierte Begründungen ersparen. Wenn etwas so unmittelbar einleuchtend ist, wollen Sie sich da allen Ernstes außen vor stellen? Gehören Sie etwa nicht zur Mehrheit, die sich vom gesunden Menschenverstand leiten lässt?

Mit diesen Unterstellungen spielt der Manipulierende, damit Sie sich auf die Seite der recht und billig Denkenden schlagen.

Beispiele

- „Es ist doch vollkommen klar, dass …"
- „Es weiß doch jedes Kind, dass …"
- „Es wird doch wohl von niemandem ernsthaft bestritten, dass …"

Wenn Sie bemerken, dass Sie jemand mit solchen Aussagen über den Tisch ziehen möchte, dann können Sie freundlich widerstehen, indem Sie dem anderen sein Evidenzerlebnis lassen und zugleich um die fehlende Begründung bitten: „Auch wenn es für Sie vollkommen klar ist, brauche ich dennoch ein paar gute Gründe, die für Ihren Vorschlag sprechen."

So haben Sie geschickt die behauptete allgemeine Evidenz von der persönlichen Sichtweise Ihres Gegenübers entkoppelt, die Sie auch gar nicht bestreiten.

Brunnenvergiftung – „Wer noch alle Tassen im Schrank hat, der …"

Eine Stufe schärfer wird es mit der Taktik der Brunnenvergiftung. Hier beruft sich der Manipulator nicht nur auf eine angeblich für alle offensichtlich einleuchtende Position, sondern er warnt indirekt davor, eine Position einzunehmen, die ihm nicht gefällt. Sie sollen schon im Vorfeld zum Schweigen gebracht werden. Zu diesem Zweck vergiftet er gewissermaßen einen Brunnen, sodass daraus möglichst niemand mehr trinken möge. Es sei denn, er wäre dumm. Wollen Sie das sein?

Beispiele

- „Wer halbwegs bei Trost ist, kann gegen diesen Vorschlag keinen Einwand mehr haben."
- „Wer möchte, dass wir auch weiterhin die Nummer eins auf dem europäischen Markt sind, wird hier bestimmt nicht dagegen stimmen."
- „Wer auch nur ein bisschen betriebswirtschaftliches Grundwissen hat, weiß, dass man hier nur mit ‚Ja' stimmen kann."

Durch die behauptete Gleichsetzung unterschiedlicher Sachverhalte sollen andere Ansichten von vornherein diskreditiert werden.

Sie entkommen dieser teuflischen Umarmungsstrategie, indem Sie die Gleichsetzung wieder aufheben und wie zuvor um überzeugende Gründe bitten: „Vielleicht ist mein betriebswirtschaftliches Wissen tatsächlich zu begrenzt, um Ihrer Argumentation folgen zu können. Welche stichhaltigen Gründe sind denn für Sie ausschlaggebend?" Diese selbstbewusste Entgegnung kommt aus dem inneren Hoch- und äußeren Tiefstatus. Der Manipulator wird merken, dass er mit seiner Vernebelungsstrategie so nicht weiterkommt.

Garantietaktik – „Es besteht kein Zweifel daran, dass …"

Manipulatoren ist es eigen, dass sie keine oder nur äußerst schwache Argumente haben, um ihren Gesprächspartner zu überzeugen. Damit genau dieser Schwachpunkt nicht deutlich wird, versuchen sie, Ihren kritischen Verstand auszuschalten.

> Die Garantietaktik besteht darin, die sachliche Ebene der Argumentation schlicht zu unterlaufen, indem ausschließlich die Beziehungsebene thematisiert wird.

Statt einer sachlichen Begründung erhalten Sie von Ihrem Gegenüber „nur" eine persönliche Verbürgung darüber, dass sich die jeweilige Sache wirklich so zuträgt, wie er es Ihnen geschildert hat.

Die Wirkung dieser Taktik haben wir schon eben bei der Formulierung des letzten Satzes im vorstehenden Absatz erfahren können. Als wir geschrieben haben, dass Sie statt einer sachlichen Begründung „nur" eine persönliche Verbürgung erhalten, war uns nicht ganz wohl. Ist ein Ehrenwort denn nicht mehr wert als eine gute Begründung? Messen wir dem ganzen Menschen in seinem Versprechen etwa weniger Gewicht bei als irgendeinem trockenen Sachargument? Genau an dieser Stelle öffnet sich jedoch die Falle, die der Manipulator gezielt einsetzt. Wir bekommen Skrupel und sind in Gefahr, uns mit dieser Beißhemmung verführen zu lassen.

Beispiele

- „Sie können mir das wirklich glauben. Ich bin seit 20 Jahren in dieser Position und weiß, wovon ich spreche."
- „Ich bin fest davon überzeugt, dass ..."
- „Ich habe überhaupt keine Zweifel daran, dass ..."

Mit dieser Taktik wirft jemand seine ganze Glaubwürdigkeit in die Waagschale. Wenn Sie Ihrem Gesprächspartner nun inhaltlich widersprechen, hat er raffiniert den Anschein erweckt, als würden Sie ihn persönlich in seiner Glaubwürdigkeit angreifen. Auf diese Fährte dürfen Sie sich nicht locken lassen.

> Entkoppeln Sie stattdessen die vermengte Sach- und Beziehungsebene. Ihr Widerspruch richtet sich eben nicht gegen die Person des anderen, sondern gegen die ausgebliebene sachliche Begründung.

Diese sachliche Begründung können Sie freundlich einfordern: „Ich habe Ihnen gerade aufmerksam zugehört. Mich interessiert nun, welche Gründe Sie in dieser Sache so sicher machen."

Schmeicheln – der Preis für Komplimente sind Zugeständnisse

Je stärker die Gefühle angesprochen werden, umso leichter lässt sich der prüfende Verstand ausschalten. Deswegen schmeicheln sich Manipulatoren auffallend oft ein. Wer hört nicht gerne positive Dinge über sich? Komplimente schmeicheln unserem Selbstwertgefühl. Wenn andere uns für bestimmte Eigenschaften loben, sind wir ihnen in der Regel wohlgesinnt.

> Wer sich durch Komplimente aufgewertet fühlt, macht schneller Zugeständnisse als sonst.

Denn nach einem tief in uns verwurzelten Ausgleichsprinzip öffnen wir uns besonders leicht für die Anliegen der Menschen, die uns Gutes tun. Keiner will dem anderen eben etwas schuldig bleiben.

Erst wenn jemand zu dick aufträgt, geht der Schuss nach hinten los. Dann ist der Manipulator als „Schleimer“ entlarvt, der nur noch mit unserer Antipathie rechnen kann. Die Taktik greift nur, wenn sie unbemerkt funktioniert. Das wurde schon in der antiken Rhetorik so gesehen. Dort wurde diese Methode als Insinuatio bezeichnet. Dieser Begriff stammt von dem lateinischen „se insinuare“, was so viel heißt wie „unbemerkt in das Innere eindringen“, „sich einschleichen“.

Beispiele

- „Ich bewundere Sie, wie Sie bei der Doppelbelastung von Beruf und Kindererziehung immer so ausgeglichen und fröhlich bleiben.“
- „Dem Maier haben Sie gestern ja ordentlich die Leviten gelesen. Das war einfach mal nötig. Ich hätte mich das nicht so getraut. War echt stark von Ihnen.“

Wenn Sie feststellen, dass Ihnen jemand Komplimente macht, um Sie dadurch zu einem Zugeständnis zu bewegen, zu dem Sie ansonsten nicht bereit wären, dann bedanken Sie sich kurz und emotionslos für die Freundlichkeit und kehren Sie ohne Umschweife zurück zum Sachthema. Das zeigt Ihrem Gesprächspartner, dass Sie so nicht zu gewinnen sind: „Danke für das Kompliment, Frau Auer. Ich möchte gerne nochmals auf die Faktenlage zurückkommen."

Mitleid erregen – und ein schlechtes Gewissen erzeugen

Die unverschuldete Notlage eines anderen Menschen löst in uns einen Impuls zum Helfen aus. Wir sind bewegt und fühlen mit dem Betroffenen mit. Wer nicht hilft, verspürt sehr schnell Schuldgefühle und ein schlechtes Gewissen. Aus dem befreien wir uns, wenn wir den anderen unterstützen.
Wurde das Erregen des Mitleids allerdings nur zu dem Zweck verfolgt, dass wir Zugeständnisse in der Sache machen, liegt ein Fall von Manipulation vor. Der Appell an unser Mitleid durch das Drücken auf die Tränendrüse sollte gezielt einen moralischen Druck auf uns ausüben. Das Mitleiderregen ist wie das Einschmeicheln eine der wenigen Taktiken, die auch gegenüber Ranghöheren erfolgreich eingesetzt wird.

Beispiel
Herr Dorsch hat seine Kollegin Pfeifer über mehrere Monate hinweg gemobbt. Als ihm sein Vorgesetzter verschiedene Zeugenaussagen vorhält und arbeitsrechtliche Konsequenzen ankündigt, bricht Herr Dorsch in Tränen aus: „Wie soll ich mit 57 Jahren denn noch eine andere Arbeitsstelle finden? Ich habe mich über zwanzig Jahre für diesen Betrieb aufgeopfert. Sieht das denn jetzt keiner mehr? Man kann mich doch nicht einfach fertigmachen."

Gerade dann, wenn jemand in die Opferrolle geht, um Sie zu erweichen, sollten Sie in der Sache bei Ihrer Position bleiben.

Sie können sich dabei durchaus von Ihrer menschlichen Seite zeigen und Verständnis für die schwierige Lage des anderen aufbringen. Gleichzeitig sollten Sie aber auch die Verantwortung für Ihre Aufgaben nicht vergessen und diese konsequent wahrnehmen: „Herr Dorsch, ich sehe durchaus, dass Sie mit einer Kündigung in eine sehr unangenehme Lage geraten. Diese haben Sie sich allerdings selbst zuzuschreiben. Sie sind erst im Februar wegen eines ähnlichen Vorfalls abgemahnt worden. Offenbar haben Sie daraus keine Lehre gezogen. Jetzt müssen Sie die Verantwortung dafür übernehmen."

Übung 17

Für welche Manipulationstaktik sind Sie ein leichtes Opfer? Wo liegt Ihr Schwachpunkt, den andere unfair für ihre eigenen Zwecke ausnutzen können?

- Sind Sie sehr angepasst und haben Sie Angst davor, nicht mehr dazuzugehören und in einer Runde zum Außenseiter zu werden?
- Sind Sie sehr anfällig für den Beifall anderer oder wollen Sie auf jeden Fall verhindern, dass sich ein anderer durch ihr Verhalten verletzt oder irritiert fühlen könnte?

Je nachdem sind Sie mit einer der genannten Manipulationstechniken besonders leicht zu beeinflussen. Machen Sie sich bewusst, womit Sie zu ködern sind und widerstehen Sie entsprechenden Manipulationsversuchen. Das geht umso leichter, wenn Sie die passenden Abwehrmechanismen lernen, die wir in diesem Kapitel beschrieben haben. Dann können Sie im Ernstfall sofort darauf zurückgreifen.

4 Der große Kommunikationstest

Was bei Ihnen ankommt und was nicht

Hat Ihnen schon einmal jemand gesagt, dass Sie auf einem Ohr taub sind? Oder dass Sie auf manche Äußerungen überempfindlich reagieren? Und das, obwohl Sie bei anderen Themen wunderbar auf Durchzug schalten können, sodass es zum einen Ohr rein und zum anderen wieder raus geht? Offenbar hören wir nicht auf allen Ohren gleich gut. Jeder Mensch hat individuelle Hörgewohnheiten. Diese wollen wir nun etwas genauer untersuchen.
Im ersten Kapitel haben wir bereits festgestellt, dass das Gehörte nicht mit dem Gesagten identisch ist. Immer dichten wir etwas dazu oder lassen etwas weg. Wahrnehmung geschieht nicht passiv.

Der Test

In diesem Test stellen wir Ihnen zehn Situationen vor. Geben Sie bei den je vier Reaktionsmöglichkeiten in der rechten Spalte jeweils Ihre Präferenz von 1 (höchste Zustimmung) bis 4 (geringste Zustimmung) an.

Situation 1: Sie gehen mit einem Geschäftspartner zum Mittagessen. Es ist Mitte Oktober und da das Wetter überraschend schön ist, haben Sie im Restaurant einen Platz auf der Sonnenterrasse bestellt. Das Restaurant ist drinnen und draußen proppenvoll. Nachdem sich Ihr Geschäftspartner gesetzt hat, sagt er nach einer Weile: „Sagen Sie, finden Sie nicht auch, dass hier ein kühles Lüftchen weht?“ Sie antworten:

a) „Haben Sie Angst, krank zu werden?“ ☐

b) „Sollen wir warten, bis drinnen ein Tisch frei wird?“ ☐

c) „Ich hätte Sie wohl fragen sollen, ob Sie lieber drinnen oder draußen sitzen wollen?" ☐

d) „Stimmt, wo die Sonnenstrahlen nicht hinkommen, wird es einem ganz schön kalt." ☐

Situation 2: Sie haben einen Termin beim Zahnarzt. Sie treffen eine Viertelstunde früher ein und sehen, dass das Wartezimmer ziemlich voll ist. Die Sprechstundenhilfe an der Rezeption telefoniert. Sie wollen fragen, ob Sie vielleicht noch ein paar Erledigungen machen können, ohne dann länger warten zu müssen. Nach fünf Minuten telefoniert die Frau immer noch und hinter Ihnen stehen bereits zwei weitere Patienten. Sie fragen die Frau: „Entschuldigen Sie, dauert es noch lange?" Sie unterbricht ihr Telefonat und antwortet: „Das ist ja ein Stress hier. Sie sehen doch, was hier heute los ist!"

a) Sie denken, dass die Frau unsensibel ist; sonst würde sie einbestellte Patienten nicht unnötig warten lassen. ☐

b) Sie denken, dass heute in der Praxis mehr los ist als gewöhnlich. ☐

c) Sie denken, dass die Frau überfordert ist, wenn unvorhergesehene Situationen auftreten. ☐

d) Sie denken, dass Sie sich besser ins Wartezimmer setzen, bis die Frau ihr Telefonat beendet hat. ☐

Situation 3: Sie arbeiten seit Kurzem im Büro des Verwaltungsdirektors einer städtischen Klinik. In der Mittagspause setzen Sie sich in der Kantine zu einer Krankenschwester, die sie flüchtig kennen. Zurzeit läuft in der Klinik ein externes Qualitäts-Audit. Die Krankenschwester stöhnt: „Ich verstehe das nicht, da werden hunderttausend Euro für diese so genannten Experten ausgeben, wo wir doch schon seit Monaten unterbesetzt sind!"

a) Sie antworten, dass Sie leider an den Prioritäten der Geschäftsleitung nichts ändern können. ☐

b) Sie äußern Verständnis dafür, dass sich die Frau bei der momentanen Personalsituation überfordert fühlt. ☐

c) Sie erklären der Frau, dass der Verwaltungsdirektor der Klinik schließlich alles in seiner Macht stehende getan hat, um einen noch weiter gehenden Personalabbau zu verhindern. ☐

d) Sie legen die Gründe für die Durchführung des Qualitäts-Audits zum jetzigen Zeitpunkt dar und erklären, dass der momentane Einstellungsstopp damit nicht im Zusammenhang steht. ☐

Situation 4: Sie haben einen Termin bei Ihrem Hausarzt. Als Sie in das Sprechzimmer eintreten, blättert er in einem dicken Medikamenten-Handbuch. Ohne aufzuschauen sagt er: „Nehmen Sie doch Platz und legen Sie schon mal los. Ich bin ganz Ohr!“

a) Sie denken, dass Ihr Arzt unter Stress steht und deshalb versucht, zwei Dinge auf einmal zu erledigen. ☐

b) Sie schildern Ihre Beschwerden und bemerken kaum, dass der Arzt noch mit etwas anderem beschäftigt ist. ☐

c) Sie setzen sich und versuchen, sich bei der Schilderung Ihrer Beschwerden kurz zu fassen. ☐

d) Sie setzen sich und schweigen, bis der Arzt seine Arbeit unterbricht und sich Ihnen zuwendet. ☐

Situation 5: Sie schlendern über den Wochenmarkt und ein lokaler Prominenter, den Sie vor einigen Jahren einmal bei einer Benefiz-Gala unterstützt haben, kommt Ihnen entgegen und geht grußlos an Ihnen vorbei.

a) Sie finden es schade, dass er Sie nicht wenigstens gegrüßt hat. ☐

b) Sie finden es normal, dass er sich nach so langer Zeit nicht mehr an Sie erinnert. ☐

c) Sie vermuten, dass er seine Ruhe haben will. ☐

d) Sie denken, dass er etwas Bestimmtes einkaufen will und mit seinen Gedanken ganz darauf konzentriert ist. ☐

Situation 6: Sie haben einen Termin mit einer Kollegin im Besprechungsraum Ihrer Firma. Als sie eintrifft, lässt sie sich auf einen Stuhl sinken und stöhnt gehetzt: „Gibt es Wasser?“

a) „Warte einen Moment, ich hole dir sofort ein Glas kaltes Wasser aus dem Kühlschrank.“ ☐

b) „Ja, dort auf dem Tisch steht Mineralwasser mit Zimmertemperatur und in der Teeküche gegenüber gibt es im Kühlschrank kaltes Leitungswasser.“ ☐

c) „Du Arme, hattest du heute so viel Stress, dass du gar nicht zum Trinken gekommen bist?“ ☐

d) „Tut mir leid, dass ich bei der Hitze nichts auf den Tisch gestellt habe.“ ☐

Situation 7: Ihre Mutter hat demnächst einen runden Geburtstag und Sie haben ihr versprochen, die Gestaltung der Einladungskarte zu übernehmen. Sie wollen dafür einige aktuelle Fotos mit anderen aus der Kindheit mischen. Da Sie selbst aber nicht über geeignete Computerprogramme verfügen, fragen Sie einen guten Freund, ob er Ihnen dabei behilflich sein kann. Er antwortet: „Du weißt, ich helfe dir gern. Aber ich weiß nicht genau, was du für Ansprüche hast. Du kennst mich ja, wenn ich mal mit etwas anfange, dann sitze ich stundenlang und bastle herum!"

a) Sie sagen ihm, dass es nicht viel Zeit bräuchte, denn Ihre Mutter wollte nur etwas ganz Einfaches. ☐

b) Sie bekommen ein schlechtes Gewissen, weil Ihr Freund sich möglicherweise nicht traut, Ihnen abzusagen. ☐

c) Sie danken ihm für seine Hilfe und formulieren Ihre Ansprüche möglichst konkret und detailliert. ☐

d) Sie ziehen Ihre Anfrage zurück und sagen, dass Sie sich an jemand anderen wenden werden. ☐

Situation 8: Sie erledigen noch einige Einkäufe für das Wochenende. Auf dem Markt bleiben Sie am einzigen Stand stehen, der noch hiesige Tomaten anbietet. Vor Ihnen kauft eine Frau zwei Kilo. Die Bäuerin spricht Sie an: „Schöne Tomaten, zwei Euro das Kilo." Sie sagen: „Ein Kilo bitte." Die Bäuerin antwortet: „Das sind die letzten für dieses Jahr, genau zwei Kilo. Weil Sie es sind, gebe ich Sie Ihnen für drei Euro."

a) Sie fühlen sich unter Druck gesetzt und gehen erst einmal weiter. ☐

b) Sie denken, dass die Bäuerin die Tomaten loswerden will, weil sie dann weniger Ware mit nach Hause nehmen muss. ☐

c) Sie freuen sich über das Rabattangebot, das die Bäuerin der Kundin vor Ihnen nicht gemacht hat. ☐

d) Sie fragen sich, ob Sie zwei Kilo Tomaten am Wochenende überhaupt verzehren können. ☐

Situation 9: Sie fahren übers Wochenende zu einer Fortbildung. Sie nehmen in Ihrem Auto eine Freundin mit, die kein Auto hat. Es ist Freitagnachmittag und es herrscht, wie üblich, sehr dichter Verkehr. Ihre Freundin sagt: „Puh, es sind so viele LKWs unterwegs. Meinst du nicht, wir fahren zu dicht auf?"

a) „Wenn ich noch größeren Abstand halte, setzt sich bestimmt jemand vor uns." ☐

b) „Hast du so wenig Vertrauen zu mir? Ich fahre seit 20 Jahren unfallfrei." ☐

c) „Du bist vielleicht ein Angsthase." ☐

d) „Freitags ist immer so viel los. Aber wir halten den vorgeschriebenen Mindestabstand exakt ein." ☐

Situation 10: Eine gute Freundin hat Geburtstag und Sie laden sie zu einem Überraschungsabend zu zweit ein. Wie jeder, der sie kennt, weiß, ist Ihre Freundin Brasilien-Fan, und deshalb bestellen Sie einen Tisch in einem brasilianischen Lokal und danach Karten für eine Samba-Party. Als Sie Ihre Freundin zwei Tage vorher zufällig in der Stadt treffen, sagt diese: „Ich liebe Überraschungen! Gabl hat mich gestern in das neue Thai-Restaurant am Marktplatz eingeladen und es war fantastisch."

a) Sie sagen: „Ich habe auch eine tolle Überraschung für dich geplant!" ☐

b) Sie sagen: „Ich finde deine Neugierde und Begeisterungsfähigkeit einfach klasse!" ☐

c) Sie sagen: „Hoffentlich bist du übermorgen dann nicht enttäuscht." ☐

d) Sie überlegen, ob sie noch schnell umdisponieren sollen. ☐

Auswertung des Kommunikationstests

Übertragen Sie Ihre Antworten nun in die nachfolgende Matrix. Summieren Sie dann die zehn Werte in jeder Zeile und bilden Sie den Durchschnittswert, indem Sie die Summe durch zehn teilen. Sie erhalten nun vier Ergebnisse zwischen 1,0 und 4,0. Der geringste Wert zeigt das Ohr an, das bei Ihnen am besten ausgeprägt ist, der höchste Wert jenes, das am schlechtesten ausgeprägt ist.

Stellen Sie nun Ihre persönliche Rangfolge auf, welches Ohr bei Ihnen am stärksten bzw. am geringsten ausgeprägt ist:

	1	2	3	4	5	6	7	8	9	10	Summe	Durchschnitts-Rang (Summe: 10)
Sach-Ohr	d)	b)	d)	b)	b)	b)	c)	d)	d)	a)		
Selbstaussage-Ohr	a)	c)	b)	a)	d)	c)	a)	b)	c)	b)		
Beziehungs-Ohr	c)	a)	c)	d)	a)	d)	b)	c)	b)	c)		
Appell-Ohr	b)	d)	a)	c)	c)	a)	d)	a)	a)	d)		

Stellen Sie anhand der Auswertung Ihres Testergebnisses nun Ihre persönliche Rangfolge auf: Welches Ohr ist bei Ihnen am stärksten bzw. am geringsten ausgeprägt?

Platz 1: Das ______________________________-Ohr
mit dem Durchschnittsrang ____________.

Platz 2: Das ______________________________-Ohr
mit dem Durchschnittsrang ____________.

Platz 3: Das ______________________________-Ohr
mit dem Durchschnittsrang ____________.

Platz 4: Das ______________________________-Ohr
mit dem Durchschnittsrang ____________.

Interpretation der Ergebnisse

Was bedeutet das nun, wenn ein Ohr stärker entwickelt ist als ein anderes? Welche Hörgewohnheiten lassen sich daraus ableiten? Und für was stehen solche Bezeichnungen wie Sach- oder Appellohr?

Das unserem Test zugrundeliegende Vier-Ohren-Modell geht auf Friedemann Schulz von Thun zurück. Er behauptet, dass jede Äußerung immer vier Botschaften gleichzeitig enthält – ob wir wollen oder nicht. Manche werden ausdrücklich mitgeteilt, andere schwingen unausgesprochen mit.

Diese vier Seiten einer Äußerung umfassen
- den Sachaspekt (worüber ich inhaltlich informiere),
- den Beziehungsaspekt (was ich vom anderen halte und wie wir zueinander stehen),
- den Selbstaussageaspekt (was ich von mir zeige) und
- den Appellaspekt (was ich beim anderen erreichen möchte).

Wenn diese vier Aspekte in jeder Äußerung mitschwingen, dann braucht es natürlich auch die entsprechenden Ohren, um sie herauszuhören. Der ideale Empfänger hat vier offene Ohren, um sein Gegenüber zu verstehen:

- das Sachohr (welche Sachinformation wird gesendet?),
- das Beziehungsohr (was hält die andere Person von mir?),
- das Selbstaussageohr (was ist mit dem anderen los?) und
- das Appellohr (was soll ich tun?).

Ihr Testergebnis hat vermutlich gezeigt, dass nicht alle Ohren den gleichen Wert erhalten haben. Manche spielen in Ihrem Leben eine größere Rolle als andere. Sie bestimmen dann, was Sie in erster Linie aus einer Äußerung heraushören und was nicht. Damit sind Missverständnisse unweigerlich vorprogrammiert, weil Sie eine Äußerung anders gewichten, als sie vom Sender gemeint war.
Wenn ein Ohr besonders gut entwickelt ist, bringt das viele Vorzüge mit sich. Auf der anderen Seite handeln wir uns damit auch Schwierigkeiten ein, weil wir bestimmte Aspekte einer Aussage überbewerten.

> Der Empfänger trägt also mit die Verantwortung dafür, was eine Äußerung mit ihm anrichtet.

Wenn Ihr Sachohr auf Platz eins gelandet ist, …
… dann konzentrieren Sie sich bei Aussagen anderer stark auf den sachlichen Inhalt. Sie halten sich an die Fakten und suchen auf der Sachebene nach Lösungen. Das kann Sie in manchen Situationen auch als gefühlskalt erscheinen lassen. Insbesondere dann, wenn es Ihrem Gesprächspartner um ganz andere Dinge geht als um Fakten. In solchen Fällen kann es sein, dass Sie den Vorwurf ernten, nicht zwischen den Zeilen lesen zu können und kein Gespür für Andeutungen zu haben.

Mit einem dominanten Beziehungsohr …
… haben Sie ein gutes Gespür für die Zwischentöne in der Kommunikation. Sie sind sensibel und achten stark auf die Atmosphäre zwischen Ihnen und Ihrem Gesprächspartner. Das macht Sie jedoch auch leicht verletzbar. Sie neigen dazu, alles auf sich zu beziehen und nehmen selbst beziehungsneutrale Aussagen oft persönlich.

Mit einem exzellenten Selbstaussageohr …
… lenken Sie Ihre Aufmerksamkeit sehr auf die Befindlichkeit Ihres Gegenübers. Das ideale Ohr für das aktive Zuhören. Sie sind einfühlsam und verständnisvoll. Sie sind nicht in der Gefahr, die Aussagen des anderen zu persönlich zu nehmen. Das kann allerdings auch dazu führen, dass Sie mögliche Probleme nur bei anderen sehen und diese kühl diagnostizieren. Dann fühlen diese sich wie von einem Therapeuten oder Coach ausgefragt und werden ärgerlich, weil Sie keine persönliche Stellungnahme abgeben.

Menschen mit einem dominanten Appellohr …
… sind auffallend hilfsbereit. Sie lesen anderen die Wünsche von den Augen ab. Sie fragen sich, was andere brauchen oder was sie mit einer Aussage eigentlich bezwecken. Das führt dazu, dass sie sich leicht ausnutzen lassen. Immer auf die Bedürfnisse ihrer Mitmenschen bedacht, haben sie ihre eigenen Bedürfnisse aus den Augen verloren. Manchmal werden sie von anderen auch als aufdringlich wahrgenommen, insbesondere dann, wenn diese gar keine Unterstützung gewünscht haben.

Schauen wir auf das andere Ende der Skala, auf jenes Ohr, das bei Ihnen am schwächsten ausgeprägt ist. Dieses gilt es, in der nächsten Zeit zu schulen, wenn Sie Ihre Kommunikationskompetenzen verbessern wollen. Und je näher dieser Wert am Höchstwert 4,0 liegt, desto dringlicher erscheint die Sache. Folgende Übung eignet sich zum Einstieg.

Übung 18

Achten Sie in den nächsten Tagen ganz bewusst auf Ihre Hörgewohnheiten:

- Wozu führt es, wenn Ihr stärkstes Ohr den Ton angibt?
- Was sind die Vorzüge und was die Nachteile?

Wenn es ein Ohr gibt, das bei Ihnen zu kurz kommt, dann schenken Sie ihm mehr Aufmerksamkeit und achten Sie darauf, wie dadurch die Qualität Ihrer Gespräche verändert wird.

Wenn Sie zum Beispiel bei unsachlichen Angriffen mit dem Selbstaussageohr hören, werden Sie feststellen, dass Sie so nur schwer zu verletzen sind. Denn Ihre Hauptfrage wird sein: „Was ist mit dem anderen los, dass er sich zu solchen Äußerungen hinreißen lässt?“

5 Die hohe Kunst der Kommunikation

Wie Sie schwierige Gespräche führen

Gerade in schwierigen Gesprächssituationen ist es besonders wichtig, dass beim anderen auch ankommt, was wir mitteilen wollen. Schwierig sind diese Gespräche meist deswegen für uns, weil wir Befürchtungen darüber hegen, dass die andere Person uns missversteht und beleidigt oder verärgert reagiert.

Beispiele für solche Gesprächsanlässe

- Sie wollen einer Kollegin mitteilen, dass es Sie in Ihrer Arbeit stört, wenn sie im gemeinsamen Büro so laut telefoniert und dabei häufig kreischend lacht.
- Ein Geschäftspartner kommt zum wiederholten Mal zu spät zu einem vereinbarten Termin. Sie sind mittlerweile sehr verärgert darüber.
- Sie möchten Ihren Chef um mehr Gehalt bitten.
- Sie sind mit der Leistung eines Mitarbeiters unzufrieden und möchten ein Kritikgespräch mit ihm führen.
- Ihre Schwiegereltern wollen über Ostern 14 Tage zu Besuch kommen. Sie freuen sich auf den Besuch, doch 14 Tage sind Ihnen einfach zu lang.

Übung 19

Erinnern Sie sich an zwei oder drei schwierige Gespräche, die Sie zu führen hatten. Was machte diese Gespräche so schwierig für Sie?
Versuchen Sie sich genau in Erinnerung zu rufen, was Sie in der jeweiligen Situation zu Ihrem Gegenüber gesagt haben. Entspricht das dem, was Sie sagen wollten, oder haben Sie Ihre Meinung abgeschwächt, vielleicht sogar dramatisiert?

Viele Menschen treibt die Sorge um, dass es zu nachhaltigen Verstimmungen mit ihrem Gesprächspartner kommt, wenn sie ihr Anliegen offen vortragen. Deswegen sagen sie nicht, was sie meinen. Sie sprechen stattdessen „durch die Blume“ und machen vage Andeutungen. Wenn ihr Gegenüber dann nicht so reagiert, wie sie sich das erhofft haben, sind sie enttäuscht.

Wir sind in diesem letzten Kapitel bei der hohen Kunst der Kommunikation angelangt. Es geht dabei um die Frage, wie Sie unangenehme Dinge auf eine konstruktive Weise vermitteln können. So, dass Sie respektvoll mit dem anderen Menschen umgehen, ohne Ihre Meinung dabei aber inhaltlich zurückzuhalten. Denn wenn Sie nicht sagen, was Sie meinen, erhalten Sie auch nicht das, was Sie wollen.

5.1 Selbstklärung: Was wollen Sie sagen?

Wenn es schon so unangenehm ist, mit der anderen Person über das schwierige Thema zu sprechen, dann ist es umso wichtiger, dass Sie innerlich einen klaren Standpunkt einnehmen. Nur so können Sie nach außen mit einer klaren Linie überzeugen.

> Die innere Klarheit fehlt, solange noch mehrere Persönlichkeitsanteile miteinander im Streit liegen. Dann sprechen mehrere Seiten uneins in unserer Brust.

Ein Teil drängt möglicherweise ungeduldig zu einer Aussprache und fordert: „Der werde ich endlich mal meine Meinung sagen. So geht das nicht weiter.“ Ein anderer Teil hält dagegen: „Sei nicht dumm. Verscherze es dir nicht mit ihr. Du bist auf sie angewiesen. Übe einfach etwas Nachsicht.“

Sie kennen solche inneren Selbstgespräche wahrscheinlich. Unproduktiv und lästig werden sie nur, wenn sie sich längere Zeit im Kreis drehen. Dann wird eine Position gegen die andere gehalten und die Fronten verhärten sich dabei. Nach außen hin zeigt es sich darin, dass wir unser Anliegen nicht aktiv verfolgen. Es herrscht eine innere Blockade und wir leiden an der Aufschieberitis.

In unserem Buch „Überzeugen – die Kunst, andere zu gewinnen“ (Cornelsen 2009) haben wir demonstriert, wie in solchen Fällen wieder Klarheit zu gewinnen ist. Nämlich indem Sie herausarbeiten, welche positiven Absichten hinter den jeweiligen Positionen stehen. Werden diese gewürdigt, kommt wieder Bewegung in festgefahrene Positionen, und Selbstgespräche müssen sich nicht mehr im Kreis drehen.

Keine falsche Rücksichtnahme

Zur Selbstklärung gehört auch, dass Sie schonungslos Ihre Gründe überprüfen, warum Sie der anderen Person angeblich nicht offen Ihre Meinung sagen können. Vielleicht sind hier ja Schutzbehauptungen im Spiel:

- Sorgen Sie sich wirklich primär um das Wohl der anderen?
- Ist es der Respekt vor Ihrem Gesprächspartner, weswegen Sie sich mit Ihrem Anliegen nicht zumuten wollen?

Falls Sie das meinen, müssen wir erhebliche Zweifel anmelden. Denn in diesem Fall wäre der Begriff Respekt sicherlich nicht der richtige. Wer einen anderen achtet, kann ihn nicht gleichzeitig entmündigen und nicht für voll nehmen. Genau das tun wir aber, wenn wir jemandem nicht zutrauen, mit unseren Aussagen angemessen umzugehen. Wir belassen die Verantwortung für seine Reaktionsweise dann nicht bei dieser Person, sondern meinen, dafür selbst die Verantwortung übernehmen zu müssen.

> Es ist eine falsche Rücksichtnahme, wenn wir aus Sorge vor den Reaktionen unseres Gegenübers unsere eigene Meinung zurückhalten.

Aber vielleicht geht es auch gar nicht um Rücksichtnahme. Es spricht viel dafür, dass das nur ein vorgeschobener Grund ist, der etwas anderes verdecken soll.

Übung 20

Vergegenwärtigen Sie sich vergangene oder bevorstehende Gesprächssituationen, bei denen Sie der Meinung sind, Sie könnten aus Rücksichtnahme vor den anderen Gesprächsteilnehmern nicht die Wahrheit sagen.

Haben Sie in diesen Fällen das Zutrauen in Ihren Gesprächspartner, selbstverantwortlich mit Ihrem Anliegen umzugehen?

Falls nein, dann versuchen Sie es einmal mit folgender Haltung: „Ich bin nicht verantwortlich für die Reaktionen meines Gegenübers. Ich bin allerdings verantwortlich für die Wahl meiner Worte und dafür, wie ich mit den Reaktionen des anderen umgehe.“

Sehr oft entpuppt sich die vermeintliche Sorge um den anderen als Sorge um uns selbst. Dabei kann es sich um eine Angst vor Zurückweisung handeln. Es ist nicht angenehm, „einen Korb“ zu bekommen. Mit verdeckten Strategien ist es viel leichter, das Gesicht zu wahren, wenn unserem Wunsch nicht entsprochen wird. Schließlich haben wir ja nichts gesagt, nur so gemeint – ohne jede Absicht. Falls uns jemand eine Absicht unterstellen möchte, muss er uns falsch verstanden haben.
Manchmal handelt es sich auch um die Angst, dass wir nun zu einer Gegenleistung verpflichtet sind, wenn andere unseren Wunsch erfüllen. Ist uns das die Sache wert?

Nehmen Sie einen Korb bewusst in Kauf

Hauptsächlich geht es unserer Erfahrung nach jedoch um die Angst, sich vor anderen in einer Weise zu offenbaren, die nicht zu unserem nach außen hin gepflegten Selbstbild passt. Wir fragen uns:

- Was mag der andere über mich denken, wenn ich mich so zeige?
- Hält mich der Geschäftspartner für einen Zwangsneurotiker, wenn ich mich über sein wiederholtes Zuspätkommen aufrege?
- Könnte der Chef meinen, dass ich es nur auf das Geld abgesehen habe, wenn ich um mehr Gehalt bitte?
- Und werden die Schwiegereltern denken, dass ich etwas gegen sie habe, nur weil mir 14 Tage Besuch zu lang sind?

5.2 Mut zur Offenheit

Verständlicherweise nimmt die Selbstoffenbarungsangst gerade in den Situationen zu, in denen wir mit anderen etwas Unangenehmes zu besprechen haben. Dann ist die Sorge besonders groß, Einblick in unsere Persönlichkeit zu gewähren. Wir befürchten, dass wir uns angreifbar machen, wenn wir Gefühle oder Bedürfnisse zeigen.

Deswegen suchen viele Menschen genau für solche Situationen Formulierungshilfen, mit denen sie das unangenehme Thema rasch und effektiv über die Bühne bringen können. Sie wollen sich das Ganze am liebsten vom Leib halten. Für den Gesprächspartner wirken sie dabei wenig authentisch. Der hätte sich ja vielleicht etwas sagen lassen, aber nicht auf diese Tour.

> Wer sich als Mensch versteckt, hat einfach weniger Chancen auf eine gelingende Kommunikation.

Erinnern Sie sich noch an unsere Herleitung des Wortes kommunizieren? Es heißt übersetzt „teilnehmen lassen“, „etwas gemeinsam machen“, „mit-teilen“. Dazu gehört selbstverständlich auch, dass Sie sich als Mensch zeigen.

Wenn dem anderen klar wird, warum Sie etwas so sehr bewegt, dann machen Sie es ihm leichter, Ihnen entgegenzukommen.

Je mehr Mut zur Offenheit Sie aufbringen, umso mehr kann Ihre Sorge vor den ablehnenden Reaktionen Ihres Gegenübers schwinden. Das ist auf den ersten Blick paradox. Aber Offenheit verbindet.

Beispiel

Herr Martens ist geschäftsführender Inhaber eines Logistikunternehmens, das gefährliche Güter transportiert. Zum zweiten Mal innerhalb von wenigen Jahren ist in der Verwaltung eine Umstellung auf eine neue Software erforderlich. Mit dieser unerfreulichen Botschaft tritt er vor die versammelte Belegschaft:

„Sie erinnern sich sicherlich noch gut an die letzte Software-Umstellung. Ich war hier im Betrieb wohl der letzte, der das neue System im Griff hatte, und viele von Ihnen habe ich noch nach Monaten mit denselben Fragen belästigt. Die neuesten internationalen Vereinbarungen und Vorschriften zur Terrorabwehr machen nun erneut einen Systemwechsel erforderlich. Ich weiß sehr genau, was ich Ihnen damit zumute: Schulungen außerhalb der regulären Arbeitszeit und damit Überstunden, denn der Betrieb muss ja weiterlaufen. Vielleicht auch einen Chef, der wieder mal als letzter kapiert, wie die neue Software funktioniert. Ich bitte Sie um Ihren guten Willen, um Kooperation und um Nachsicht mit Ihrem Chef. Wenn Sie mir jedoch wieder einmal etwas zum zweiten Mal erklären müssen, dürfen Sie mich zum Nachsitzen einbestellen."

Obwohl es für die Mitarbeiter keine gute Nachricht ist, macht sich ein Grinsen in der Runde breit. Die persönliche und humorvoll selbstkritische Art der Kommunikation führt dazu, dass die Mitarbeiter nach anfänglichem Gemurre Einsicht in die notwendige Maßnahme zeigen und kooperativ bei den Schulungen mitwirken.

Offenheit meint natürlich keine grenzenlose Selbstoffenbarung vor anderen Menschen. Es geht hier nicht um einen peinlichen Seelenstriptease, mit dem jemand ganz aus der Rolle fällt.

Die nötige Offenheit hängt ganz von der Situation und der darin übernommenen Rolle ab.

Sie spielen Ihre Rolle jedoch nur dann professionell und glaubwürdig, wenn Sie authentisch sind. Authentisch sein bedeutet, dass Sie in Kontakt zu Ihren Gefühlen sind und diese in der gewünschten Weise selektiv nach außen vermitteln können. Dann spüren andere, dass Ihre Worte dem innerlich Erlebten entsprechen.

Authentisch ist, wer in Kontakt zu seinen Gefühlen steht

Diese Kongruenz spiegelt sich auch in der Körpersprache wider. Die nonverbalen Signale sind eindeutig. Sie widersprechen nicht dem Gesagten, sondern bekräftigen es. Die Körperhaltung ist eine offene. Sie signalisiert, dass wir nichts zu verbergen haben.

Die offene Körperhaltung ist zugleich eine selbstbewusste Haltung. Hier ist sich jemand seiner selbst bewusst und bereit, sich so zu zeigen.

Wer wenig Selbstbewusstsein hat, versucht, sich zu verstecken. Entweder, indem er sich klein macht, oder, indem er sich durch Imponiergehabe aufbläht.

Wenn Sie schon einmal an einem Körperspracheseminar teilgenommen haben, wissen Sie, wie viel Unsicherheit sich bei den Teilnehmenden breit macht – selbst wenn alle sehr wohlwollend miteinander umgehen. Es entsteht eine Sorge, man könnte durchschaut werden. Viele befürchten, wir könnten uns unter Beobachtung der Gruppe durch unbewusst gesendete Signale verraten. Also durch Äußerungen, die unserer Kontrolle entzogen sind und die nicht in unser Selbstbild passen.

Verzichten Sie auf das Aufpolieren der Fassade

Wir können nur raten:

> Lernen Sie sich selbst besser kennen und stehen Sie zu sich.

Mit dieser erarbeiteten Persönlichkeit können Sie sich gut zeigen. Sie brauchen dann keine unnötige Energie mehr zur Aufpolierung Ihrer Fassade. Wenn Sie sich mit Körpersprache nur deswegen beschäftigen, damit Sie „erstklassig rüberkommen" und alle Unsicherheitssignale „ausmerzen", dann erreichen Sie nicht die erhoffte Wirkung. Sie werden nicht authentisch und glaubwürdig sein, wenn Sie nur ein perfektes Selbstbild inszenieren möchten. Die gezeigte Offenheit wäre eine geheuchelte.
Für den sprachlichen Bereich hat Schulz von Thun einige Indizien gesammelt, die für eine Selbstverbergung sprechen. In allen fünf Fällen wird auf Aussagen verzichtet, in denen der Sprecher sich persönlich zeigt.

Selbstverbergungstechniken

1. Man-Aussagen

Beispiel: „Man macht sich schon so seine Gedanken, wenn man längere Zeit keine Rückmeldung mehr vom Chef erhält."

Das eigene Erleben wird entpersönlicht. Es wird so getan, als würde es allen so gehen in solch einer Situation. Nur nichts von sich preisgeben!

2. Wir-Aussagen

Beispiel: „Dieses Gerede prallt ganz von uns ab. Da stehen wir drüber."

Durch den Einbezug in die Gemeinschaft taucht der Sprecher als Einzelner ab und zeigt sich nicht.

3. Es-Aussagen

Beispiel: „Es macht einfach keinen Spaß, in so einer Atmosphäre zu arbeiten."

Das unpersönliche „Es" anonymisiert die Aussage und tut so, als handle es sich um eine objektive Feststellung.

4. Fragen

Beispiel: „Müssen Sie heute etwa schon wieder früher gehen? Kann nicht mal Ihr Mann die Kleine vom Kindergarten abholen?"

Mit Fragen versucht man üblicherweise Informationen zu gewinnen. Sie werden aber auch benutzt, um den anderen verdeckt die eigene Meinung wissen zu lassen.

5. Du-Botschaften

Beispiel: „Du lässt mich nie zu Wort kommen."

Indem wir Aussagen über die andere Person treffen und ihr damit bestimmte Eigenschaften zuschreiben, verbergen wir unsere Gefühle und Bedürfnisse.

Übung 21

Überlegen Sie, auf welche Art Sie sich in schwierigen Gesprächssituationen verstecken. Kamen Ihnen eine oder mehrere der oben aufgeführten Selbstverbergungstechniken bekannt vor, weil Sie sie selbst häufig anwenden? Ein Bewusstsein darüber ist der erste Schritt zu mehr Offenheit.

5.3 Die passenden Worte finden: Wie Sie Ihr Anliegen am besten formulieren

Je offener wir uns zeigen, desto größer sind die Chancen, dass wir andere in schwierigen Momenten erreichen. Diese Offenheit hat nichts damit zu tun, dass wir nun einfach darauf lospoltern und andere sogar noch beschimpfen. Das wäre nur ein Zeichen dafür, dass wir die Verbindung zu unseren Bedürfnissen verloren haben und deswegen hilflos agieren. Denn Schreien ist ein Ausdruck von Hilflosigkeit. Auch wenn es andere enorm einschüchtern kann. Und gewonnen ist damit schon gar nichts. Denn nun bricht auch noch die Verbindung zu unserem Gegenüber ab, das so kein Verständnis mehr für uns aufbringen wird.

Bisher war in diesem Buch die Rede von Haltungen und Einstellungen, die nötig sind, um Unangenehmes erfolgreich kommunizieren zu können. Dabei ist offen geblieben, wie sich unser Anliegen am besten formulieren lässt. Und zwar so, dass es die größte Chance erhält, von unserem Gegenüber auch erfüllt zu werden. Denn darum geht es letztendlich:

> Wir wollen, dass in der Sache etwas erreicht wird. Dazu braucht es den anderen. Dieser darf durch unsere Aussagen nicht verletzt werden, weil er sonst die Kooperation verweigert.

Genau das ist das Thema der Gewaltfreien Kommunikation. Sie achtet in besonderem Maß darauf, dass die Verbindung sowohl nach innen zu unseren eigenen Bedürfnissen als auch nach außen zu den Bedürfnissen unseres Gegenübers gewährleistet ist. Dann spricht sie von Gewaltfreiheit. In ihrem Vier-Schritte-Modell zeigt sie, welche Formulierungen zielführend sind, um diese Verbindung aufrecht zu erhalten.

Das Vier-Schritte-Modell der Gewaltfreien Kommunikation besteht aus folgenden Elementen, die wir uns im Folgenden genauer anschauen werden:

1. Beobachtungen ohne Bewertungen mitteilen
2. Was es bei uns auslöst
3. Begründungen geben – Motive offenbaren
4. Konkrete Bitten oder Erwartungen äußern

5.4 Beobachtungen ohne Bewertungen mitteilen

Niemand hört gern Unangenehmes. In solchen Situationen sind die Ohren des Zuhörers sehr gespitzt und wir reagieren empfindlich auf Urteile, die über uns gefällt werden.

> Auch wenn ich in den vergangenen zwei Wochen tatsächlich dreimal verspätet zur Arbeit gekommen bin, ärgert mich die Aussage eines Kollegen, dass ich ein unpünktlicher Mensch sei. Er wird damit rechnen müssen, dass ich mich verteidige oder ihm im Gegenzug gar seine Fehler vorhalte. In der Sache wird er so nicht weiterkommen. Würde er hingegen ohne jegliche Bewertung genau die beobachteten Fakten mitteilen, wäre die Wahrscheinlichkeit sehr groß, dass ich offen bleibe und weiter zuhöre. Das klingt dann so: „Mir ist aufgefallen, dass Sie in den letzten zwei Wochen an drei Tagen um jeweils 20 Minuten nach Beginn der Kernarbeitszeit gekommen sind."

Statt eine Charakterisierung der anderen Person vorzunehmen, wird eine konkrete Situation beschrieben. Diese soll so präzise wie möglich sein (Zeit, Ort, konkrete Verhaltensweise). Gerüchte, Informationen aus zweiter oder dritter Hand sowie bloße Vermutungen dürfen dabei nicht als Tatsachen ausgegeben werden.

> Ziel ist es, in dieser Phase eine gemeinsame Sichtweise aufzubauen und zu verhindern, dass der Gesprächspartner in den Widerstand geht.

Das Nennen der beobachtbaren Tatsachen wirkt dabei wie ein Türöffner.

Übung 22

Testen Sie selbst die Wirkung, die ein Satz mit oder ohne Bewertung für Sie hat. Bei welchem der beiden folgenden Sätze bleibt Ihre Gesprächsbereitschaft auch weiterhin erhalten?

1. „Sie arbeiten sehr unzuverlässig."
2. „Sie haben mir am Donnerstag letzter Woche zugesagt, dass ich die Bilanzen am Montag auf dem Schreibtisch habe. Heute ist bereits Mittwoch und ich habe sie noch nicht zu Gesicht bekommen."

Es braucht einiges an Übung, besonders in emotional angespannten Situationen, auf bewertende Äußerungen zu verzichten. Denn die Beurteilungen schießen uns blitzschnell in den Kopf. Dann meldet sich zum Beispiel ein unfreundlicher Kommentar: „So ein Idiot. Wie kann man sich nur so blöd anstellen!?"

Deswegen kann es nicht darum gehen, Bewertungen zu verurteilen oder ganz abschaffen zu wollen. Das wäre eine sehr verlogene Angelegenheit mit einer gefährlichen Doppelmoral.

> Entscheidend ist nur, dass wir Beobachtungen klar von Bewertungen trennen können.

Wenn wir bewerten, schreiben wir anderen Menschen feste Eigenschaften zu. Mit solchen statischen Verallgemeinerungen in Form von Du-Botschaften verstecken wir uns hinter einer scheinbaren Objektivität. Nun haben wir auch noch einen objektiven Grund, uns zu ärgern. Die betreffende Person ist eben wirklich unmöglich.

Marshall Rosenberg, der Begründer der Gewaltfreien Kommunikation, hat immer wieder darauf hingewiesen, dass es gerade die Bewertungen sind, die unseren Ärger züchten.

Übung 23

Denken Sie an einen Menschen, den Sie nicht mögen. Was genau stört Sie an dieser Person? Wenn Sie unliebsame Eigenschaften an ihr entdecken, fragen Sie sich weiter, was an dieser Person grundsätzlich nicht stimmt. Finden Sie Begriffe dafür. Merken Sie, dass Sie mit dieser Vorgehensweise das schlechte Gefühl steigern?

Versuchen Sie es dann auf dem anderen Weg: Beschreiben Sie in überprüfbaren Beobachtungen konkret, was Sie an dem, was diese Person tut, nicht mögen. Ganz ohne statische Eigenschaftszuschreibungen! Was verändert sich dadurch für Sie?

5.5 Was es bei uns auslöst

Wir können nicht objektiv sein und wollen es auch nicht. Wer meint, dass mit dem Benennen von beobachtbaren Tatsachen nun die reine Nüchternheit in sein Leben einziehen soll, irrt. Natürlich sind da Gefühle, die Sie unter Umständen sogar sehr bewegen. Sie brauchen sie selbstverständlich nicht zu unterdrücken. Was wäre das für eine Offenheit?

> Die Kunst besteht auch hier darin, die Gefühle so zu äußern, dass sie zu einem verbindenden Moment in der Kommunikation werden.

Teilen Sie der anderen Person also mit, wie Sie sich in Bezug auf Ihre Beobachtung fühlen. Was halten Sie von folgendem Vorschlag?

> Jemand äußert sich so zu seinem Kollegen: „Ich fühle mich hintergangen, wenn Sie nur Frau Keller über das neue Projekt informieren."

Wir sind der Meinung, dass diese Aussage nicht dazu geeignet ist, die offene Verbindung aufrechtzuerhalten. Aus zwei Gründen:

- Zum einen wird der Kollege durch die Hintertür beschuldigt, für das schlechte Gefühl verantwortlich zu sein. Dann hat auch die nichtbewertende Beobachtung nichts geholfen.
- Zum anderen ist hier gar kein Gefühl benannt worden, sondern nur ein Gedanke. Wir werden also nachbessern müssen, wenn die Kommunikation erfolgreich verlaufen soll.

Verantwortung für die eigenen Gefühle übernehmen

Wenn „Gefühle" so ausgedrückt werden, dass andere dafür verantwortlich gemacht werden, werden diese mit großer Sicherheit einen Vorwurf heraushören und auf die nachgeschobene Verurteilung mit Abwehr reagieren. Machen Sie sich klar:

> Andere sind nicht die Ursache unserer Gefühle, sondern allenfalls ihr Auslöser.

Sonst wären wir fremdgesteuerte Marionetten, die die Verantwortung für ihr Leben am besten gleich heute abgeben. Natürlich reagieren wir mit Gefühlen auf etwas: auf erfüllte oder unerfüllte Bedürfnisse. Je nachdem mit angenehmen oder unangenehmen Gefühlen. Gefühle sind untrennbar mit Bedürfnissen verbunden. Und zwar so, dass Bedürfnisse durch Gefühle spürbar und sichtbar werden. Wenn Ihr Bedürfnis nach Abwechslung erfüllt ist, fühlen Sie sich erfreut und begeistert, wenn es nicht erfüllt ist, gelangweilt und enttäuscht.

Der Giftschrank der Pseudo-Gefühle

In unserer Sprache verwenden wir das Wort „fühlen" oder „Gefühl" auch dann, wenn wir damit nur einen Gedanken oder eine Meinung ausdrücken wollen. In der Gewaltfreien Kommunikation nennt man das Pseudo-Gefühle. Sie vermitteln, was wir denken, und liefern Interpretationen über das Verhalten anderer. Das ermöglicht es uns, die Schuld beim anderen zu sehen. Wenn Sie schwierige Gespräche zu einem guten Ergebnis führen wollen, sollten Sie sich hüten, solche unterschwelligen Vorwürfe in den Raum zu stellen.

Zum Abgewöhnen öffnen wir Ihnen nochmals einen Blick in den Giftschrank der Pseudo-Gefühle:

angegriffen	gestört	provoziert
ausgebeutet	herabgesetzt	sabotiert
ausgenutzt	hintergangen	übergangen
bedroht	in die Enge getrieben	unterbrochen
beschämt	manipuliert	unter Druck gesetzt
betrogen	missbraucht	unterdrückt
bevormundet	nicht beachtet	verlassen
eingeengt	nicht ernst genommen	vernachlässigt
eingeschüchtert	nicht unterstützt	vernichtet
festgenagelt	nicht respektiert	vertrieben
gequält	niedergemacht	zurückgewiesen
gezwungen		

Die meisten dieser Wörter sind Ihnen wahrscheinlich sehr vertraut. Auch wir haben sie in diesem Buch immer wieder gebraucht. Das ist jedoch etwas anderes, als wenn ich im direkten Augenkontakt mit meinem Gesprächspartner stehe, dem ich etwas Unangenehmes mitteilen möchte. Dann geht es um unmittelbare Auswirkungen, die sich sofort in der Kooperationsbereitschaft meines Gegenübers bemerkbar machen.

> Je bewusster Sie auf Ihre Sprachgewohnheiten achten, desto mehr werden Sie feststellen, dass Ihnen oft die passenden Worte für Ihre wirklichen Gefühle fehlen.

Viele Menschen können bei der Frage nach ihrem Befinden nur mit „gut“ oder „schlecht“ antworten. Deswegen empfehlen wir Ihnen, sich einen aktiven Wortschatz für die Benennung Ihrer Gefühle aufzubauen. Die folgenden Magazinseiten bieten Ihnen eine Liste zur Anregung.

Wortschatz für die Benennung von Gefühlen und Bedürfnissen

Gefühle, die auf erfüllte Bedürfnisse hinweisen

angeregt
ausgeglichen
befreit
begeistert
berührt
bewegt
energiegeladen
engagiert
entschlossen
entspannt
erfreut
erfrischt
erfüllt
ergriffen
erleichtert
erstaunt
friedlich
fröhlich
gebannt
gefasst
gelassen
gespannt
gesammelt
glücklich
heiter
hoffnungsvoll
klar
lebendig
leicht
locker
lustig
motiviert
munter
mutig
neugierig
optimistisch
ruhig
selbstsicher
sicher
überrascht
überwältigt
unbekümmert
vergnügt
wach
wissbegierig
zufrieden
zuversichtlich

Gefühle, die auf unerfüllte Bedürfnisse hinweisen

ängstlich
angespannt
aufgeregt
ausgelaugt
bedrückt
beklommen
besorgt
bestürzt
betroffen
bitter
deprimiert
einsam
elend
empört
enttäuscht
ernüchtert
erschrocken
erschüttert
frustriert
gehemmt
geladen

gelähmt
gelangweilt
genervt
hasserfüllt
hilflos
irritiert
kalt
leblos
lustlos
müde
nervös
niedergeschlagen
sauer
traurig
unglücklich
unter Druck
ungeduldig
unruhig
unzufrieden
verärgert
verspannt
verzweifelt
verwirrt
widerwillig
wütend
zögerlich
zornig

(nach Rosenberg 2005)

Bedürfnisse

Abwechslung
Aktivität
Anerkennung
Akzeptanz
Aufrichtigkeit
Austausch
Authentisch sein
Autonomie
Balance von
- Arbeit und Freizeit
- Geben und Nehmen
- Sprechen und Zuhören
- Aktiv sein und Ausruhen

Bewegung
Bewusstheit
Beständigkeit
Bildung
Disziplin
Effektivität
Ehrlichkeit
Einfachheit
Einfühlsamkeit
Engagement
Entspannung
Entwicklung
Erfolg
Ernst genommen werden
Feiern
Flexibilität
Freiheit
Freizeit
Freude bereiten
Freundlicher Umgang
Frieden
Geborgenheit
Gelassenheit
Genuss
Gesundheit
Gemeinschaft
Gleichwertigkeit
Glück
Großzügigkeit
Harmonie
Herausforderung
Hilfsbereitschaft
Humor
Identität
Initiative
Integrität
Inspiration
Kultur
Kompetenz
Konfliktfähigkeit

Kongruenz
Kontakt
Konzentration
Kraft
Kreativität
Lebensfreude
Lebenserhalt
Liebe
Menschlichkeit
Mitgefühl
Mut
Nähe
Natur
Offenheit
Optimismus
Originalität
Ordnung
Privatsphäre
Pünktlichkeit
Respekt
Ruhe
Rücksichtnahme
Selbstbestimmung
Selbstvertrauen
Selbstverwirklichung
Sicherheit
Sinnhaftigkeit
Schutz
Sport
Sexualität
Spiritualität
Stärke
Struktur
Tatkraft
Tiefe
Toleranz
Umweltschutz
Unterstützung
Verantwortung
Verbundenheit
Vergnügen
Vertrauen
Verständigung
Vielfalt
Wahrgenommen werden
Wärme
Weitblick
Wertschätzung
Zeit sinnvoll nutzen
Zielstrebigkeit
Zugehörigkeit
Zuverlässigkeit

(nach Holler 2008)

Im Arbeitsleben haben die meisten Menschen eine besonders große Scheu, Gefühle zu zeigen. Sie halten es für ein Eingeständnis von Schwäche. Als aktiv gestaltender Mensch haben Sie jedoch auch hier die Möglichkeit, nur die Gefühle zu zeigen, die Sie zeigen wollen. Sätze mit der minimalsten Aussagekraft wie „Ich bin überrascht, irritiert, frustriert, gestresst oder erfreut“ gehen immer und überall.

5.6 Begründungen geben – Motive offenbaren

Wir machen es anderen leichter, uns in der Sache entgegenzukommen, wenn sie unsere Motive kennen. Dann erklärt sich vieles von selbst. Dann wird plötzlich klar, warum wir zum Beispiel so verärgert in einer Situation reagieren. Nicht, weil die anderen daran schuld sind, sondern weil etwas nicht erfüllt wurde, das uns sehr wichtig ist: Bedürfnisse.
Bedürfnisse verbinden Menschen darüber hinaus, weil wir alle dieselben teilen, wenn auch in unterschiedlichem Maß. Das macht es anderen leichter, uns zu verstehen.

Für eine angemessene Formulierung bedeutet das, dass im dritten Schritt der tatsächliche Grund für die durch die Beobachtung ausgelösten Gefühle benannt wird.

Im Beispiel von Übung 22 klingt das dann so:

„Sie haben mir am Donnerstag letzter Woche zugesagt, dass ich die Bilanzen am Montag auf dem Schreibtisch habe. Heute ist bereits Mittwoch und ich habe sie noch nicht zu Gesicht bekommen *(1. Schritt)*. Das ärgert mich *(2. Schritt)*, weil mir Zuverlässigkeit wichtig ist *(3. Schritt)*.“

Der Sprecher macht klar, dass seine Verärgerung aus dem unerfüllten Bedürfnis nach Zuverlässigkeit resultiert. Er macht nicht den anderen für sein Empfinden verantwortlich, sondern wird im weiteren Gespräch dafür Sorge tragen, dass sein Bedürfnis in Zukunft wahrgenommen wird. Er handelt eigenverantwortlich.

Die Wahrnehmung von Bedürfnissen ist oft verkümmert

Leider ist es um unsere Wahrnehmung von eigenen und fremden Bedürfnissen nicht zum Besten bestellt. Deswegen können wir mit anderen darüber oft gar nicht in Kontakt kommen. Viele Menschen verspüren auch eine Scham, sich selbstbewusst in ihren Bedürfnissen und Ansprüchen zu zeigen.

Jammern ist ein klassisches Beispiel für das Unvermögen, das eigene Leben selbstverantwortlich in die Hand zu nehmen. Stattdessen wird geklagt, dass es nicht so ist, wie es sein sollte. Was man will und wie andere zur Unterstützung dieses Wunsches zu gewinnen sind, weiß der Jammernde nicht. Zumindest fehlt ihm das Zutrauen in sich selbst, eine konstruktive Lösung für sein Anliegen finden zu können.

Ärger als Ausweichreaktion

Der schnellste Weg, um mit Ihren Bedürfnissen besser in Verbindung zu kommen, ist es, wenn Sie Ihren alltäglichen Ärger beobachten. Denn immer, wenn Sie sich über einen anderen Menschen aufregen oder Fehler an ihm suchen, ist das ein zuverlässiges Zeichen dafür, dass bei Ihnen ein Bedürfnis auf Erfüllung wartet.

Übung 24

Nehmen Sie sich wieder Ihre Kandidaten aus Übung 23 vor. Dort haben wir Sie gefragt, was Sie an Menschen stört, die Sie nicht mögen. Was sind das für Fehler? Übertragen Sie diese Sichtweise nun in eine Sprache der Bedürfnisse. Auf den Magazinseiten (Seite 109–111) finden Sie eine umfangreiche Liste mit Bedürfnissen zu Ihrer Inspiration.

Bedürfnisse dürfen nicht mit Strategien verwechselt werden. Denn eine Strategie ist bereits eine konkrete Vorstellung davon, wie ein Bedürfnis erfüllt werden kann. Darin sind wir in unserer Kultur viel geübter. Lösungen müssen her, selbst dann, wenn die Situation noch nicht einmal geklärt ist. Dabei werden jedoch viele kluge Handlungsmöglichkeiten übersehen.
Am deutlichsten können Sie den Unterschied von Bedürfnissen und Strategien bei Aussagen des aktiven Zuhörens feststellen. Es ist etwas anderes, ob ich zu jemandem sage:

„Du bist sauer, weil du Anerkennung brauchst." (Bedürfnis)

oder ob ich sage:

„Du bist sauer, weil du Anerkennung von mir möchtest." (Strategie)

Im ersten Fall belasse ich die Verantwortung ganz beim anderen, im zweiten Fall werde ich zu einem Teil des Problems. Dadurch werden die Lösungsmöglichkeiten natürlich eingeschränkt. Es wird so getan, als ob die Bedürfnisse sich nur mit meiner Hilfe erfüllen lassen.

Kriterien für Bedürfnisse

1. allgemein formuliert
2. frei von konkreten Handlungen
3. positiv ausgedrückt
4. frei von Orts- und Zeitangaben
5. unabhängig von der Mitwirkung bestimmter Menschen

Übung 25

Formulieren Sie die folgenden strategischen Äußerungen in Bedürfnissprache um:

1. „Ich möchte mit dir im Sommer an die Nordsee fahren.“

___

___

___

2. „Ich brauche keine Unterstützung.“

___

___

___

3. „Ich möchte, dass mein Chef meine Arbeit würdigt.“

___

___

___

4. „Es ist mir wichtig, mit dir gemeinsam zur Besprechung zu gehen.“

___

___

___

5.7 Konkrete Bitten oder Erwartungen äußern

Sie haben nun einiges dafür getan, dass die Verbindung zu Ihrem Gesprächspartner auch bei einem schwierigen Thema aufrechterhalten bleibt. Damit haben Sie die Chancen erhöht, auch das zu bekommen, was Sie brauchen.

> Äußern Sie nun eine klare Bitte oder Erwartung, damit Ihr Gegenüber genau weiß, was Sie wollen.

Rosenberg sieht den Hauptgrund für unsere unerfüllten Bedürfnisse darin, dass wir zu wenig klare und konkrete Bitten äußern.

Die Gewaltfreie Kommunikation nennt drei Bedingungen für eine wohlgeformte Bitte:

Kriterien für eine wohlgeformte Bitte

1. konkretes, beobachtbares Verhalten
2. positiv formuliert
3. jetzt überprüfbar

Konkretes, überprüfbares Verhalten – Tun statt Sein

Erfüllbare Bitten sind keine frommen Wünsche, denen gemäß sich unsere Mitmenschen ganz anders verhalten sollen. Wünsche wie: „Bitte seien Sie in Zukunft ordentlicher und gewissenhafter“, sagen dem anderen nicht genau, was er dazu konkret beitragen kann. Überprüfbar und machbar wird die Bitte erst dann, wenn konkrete Verhaltensweisen genannt werden: „Bitte bringen Sie die Akten gleich nach der Sitzung wieder zu Frau Eckert zurück.“

Positiv formuliert – Tun statt Vermeiden

Viele sagen gewohnheitsmäßig, was sie nicht wollen. Zum Beispiel: „Bitte lassen Sie die Akten nicht bis zum nächsten Tag im Besprechungsraum liegen.“ Das lenkt die Aufmerksamkeit auf Probleme. Ein motivierendes Bild von der Lösung wird damit nicht vermittelt. Die Chancen auf die Umsetzung schwinden so wieder.

Jetzt überprüfbar – Tun statt Hoffen

Wenn Bitten keinen Gegenwartsbezug haben, handelt es sich bloß um Wünsche. Wir wollen jetzt einen Beleg dafür, ob wir die Zustimmung unseres Gegenübers bekommen oder nicht. Sonst schwebt alles nur in der Luft. Eine Verbindlichkeit, auf die wir uns verlassen könnten, fehlt. Wenn Sie um ein zukünftiges Verhalten bitten, können Sie einen Bezug zur Gegenwart herstellen, indem Sie sagen: „Ich bitte Sie, in der nächsten Woche jeden Tag spätestens bis 8:30 Uhr da zu sein. Sind Sie bereit, mir das jetzt zuzusagen?“

Bitten sind nicht immer angemessen

Die Vertreter der Gewaltfreien Kommunikation plädieren in ihrem Modell eindeutig für die Äußerung von Bitten und warnen vor der Wirkung von Forderungen, weil andere darauf nur mit Unterwerfung oder Rebellion reagieren könnten.

Diese extreme Sichtweise erscheint uns im beruflichen Kontext problematisch.

> Denn wie offen eine Erwartung geäußert wird, hängt entscheidend von der Situation ab.

Im beruflichen Kontext sind die Gesprächspartner bereits im Vorfeld eine vertragliche Verpflichtung eingegangen. Jeder kann den anderen mit guten Gründen in die Pflicht nehmen. Gegenseitige Erwartungen tragen damit ein Moment des Sollens in sich. Ein Vorgesetzter muss seinen Mitarbeiter im Rahmen seiner Weisungsbefugnis nicht um etwas bitten, das dieser lassen kann oder auch nicht. Indem er eine klare Erwartung ausspricht, erinnert er seinen Mitarbeiter an dessen Verpflichtungsbewusstsein.

Dieser Appell an die Eigenverantwortlichkeit des anderen kann in großem Respekt vor dessen Person geschehen und die gegenseitige Achtung sogar noch bekräftigen. Es geht also nicht um Unterwerfung, sondern um Einsicht in Notwendigkeiten.

Zum Schluss

Wir haben Sie zu Beginn des Buches darauf hingewiesen, dass eine gelingende Kommunikation weit höhere Anforderungen an uns stellt, als die Illusionen des Alltags vermuten lassen. Tatsächlich sieht es so aus, dass Missverstehen der Regelfall ist und Verstehen der Sonderfall. Wir haben Ihnen viele Ansätze vorgestellt, mit denen Sie die Chancen für das gegenseitige Verstehen wesentlich erhöhen können.

> Das entscheidende Ziel in der Kommunikation ist, dass Sie mit Ihrem Gesprächspartner in Kontakt bleiben und nicht in Ihren eigenen Vorstellungen gefangen sind.

Es wurde in diesem Buch immer wieder deutlich, dass das gar nicht so einfach ist. Denn es verlangt von uns, das eigene Sprachverhalten näher unter die Lupe zu nehmen. Auf diese Weise wird Ihnen bewusst, welche Wirkungen Sie mit Ihrem Sprechen erzeugen. Und die Entscheidung liegt bei Ihnen, ob Sie diese verändern wollen oder nicht. Falls ja, wird es darum gehen, Ihre Sprachgewohnheit Stück für Stück zu verändern. Die Tipps und Übungen in diesem Buch mögen Ihnen dabei helfen.

Gewohnheiten ändern – und den Jackpot knacken

Eine Garantie dafür, dass Ihre Gespräche in Zukunft immer erfreulicher verlaufen, gibt es nicht, kann es auch nicht geben. Wir sprachen deswegen immer von einer Erhöhung der Chance.

> Kommunikation ist eben eine zerbrechliche Angelegenheit, in der wir uns von einer zur nächsten Gemeinsamkeit tasten.

Wenn Sie den Eindruck haben, dass bei Ihrem Gegenüber trotz aller Bemühungen etwas ganz anderes angekommen ist als das von Ihnen Beabsichtigte, dann fragen Sie einfach nach, was er oder sie verstanden hat. Und schon gewinnen Sie einen neuen Ansatzpunkt, um wieder zueinander zu finden.

Kommunikation ist ein Tanz. Sie verläuft immer wechselseitig. Wenn sich alle Beteiligten im gleichen Rhythmus bewegen, ist der Austausch besonders befruchtend. Dann verstehen wir uns sogar blind. Es braucht nur vage Andeutungen, und der andere versteht sofort, was wir damit meinen. Die Sprachwissenschaftlerin Deborah Tannen bezeichnet solche beglückenden Momente als den Jackpot der Kommunikation. Wir wünschen Ihnen immer mehr solcher Momente.

Auflösungen

Übung 3 (Kapitel 1)

	richtig	falsch	unklar
1. Ein Mann trat ein, als der Inhaber das Licht im Laden ausgemacht hatte. Der Geschäftsmann muss mit dem Inhaber des Ladens nicht identisch sein.			x
2. Der Inhaber musste den Inhalt der Registrierkasse auf den Ladentisch leeren. Es ist nicht sicher, dass es der Inhaber war, der den Inhalt auf den Ladentisch leerte.			x
3. Die Registrierkasse wurde vom Inhaber selbst geöffnet. Das ist richtig.	x		
4. Jemand hat die Registrierkasse geöffnet. Das trifft auch zu.	x		
5. Die Registrierkasse enthielt Geld – aber aus der Geschichte geht nicht hervor, wie viel. Es ist nicht sicher, dass die Registrierkasse Geld enthielt. Da es bereits nach Ladenschluss war, könnte es sich um Schecks oder dergleichen handeln.			x
6. Nachdem der Inhalt der Kasse auf dem Ladentisch lag, rannte der Geschäftsmann weg. Es ist nicht klar, welcher Mann wegrannte.			x
7. Kurz danach wurde der Vorfall einer Polizeistreife gemeldet. Das ist nicht eindeutig. Der Vorfall wurde einem Polizisten gemeldet. Ob sich der auf Streife oder auf der Wache befand, bleibt unklar.			x

Übung 10 (Kapitel 2)

Welches Sprachmuster liegt hier vor?	T1–5, V1–4 oder G1–3
1. „Ich bekomme keine Anerkennung von Frau Mall.“	T 5: „Wie möchten Sie denn gern anerkannt werden?“ (Nominalisierung)
2. „Unser Abteilungsleiter schätzt unsere Arbeit nicht.“	V 1: „Woher wissen Sie das so genau?“ (Gedankenlesen)
3. „Niemand unterstützt mich bei meiner Arbeit. Immer muss ich alles allein machen.“	G 1: „Es gibt absolut niemanden, der Sie jemals unterstützt hätte?“ (Generalisierung)
4. „Sie sagen ja gar nichts; es interessiert Sie wohl nicht.“	V 3: „Wieso meinen Sie, dass es mich nicht interessiert, wenn ich nicht gleich etwas dazu sage?“ (Gleichsetzung unterschiedlicher Sachverhalte)
5. „Über einen Freizeitausgleich wegen der geleisteten Überstunden kann ich mit meinem Chef nicht reden.“	G 3: „Was hindert dich daran?“ bzw. „Was würde sonst passieren?“ (Behauptung der Unmöglichkeit)

Literaturverzeichnis

Andreas, Steve / Faulkner, Charles (Hrsg.): Praxiskurs NLP. Paderborn 2007.

Bahrdt, Hans Paul: Grundformen sozialer Situationen. Eine kleine Grammatik des Alltagslebens. München 1996.

Beck, Gloria: Verbotene Rhetorik. Die Kunst der skrupellosen Manipulation. Frankfurt a.M. 2005.

Bitschnau, Karoline Ida: Die Sprache der Giraffen. Zur Qualität zwischenmenschlicher Beziehungen. Paderborn 2008.

Buber, Martin: Das dialogische Prinzip: Ich und Du. Zwiesprache. Die Frage an den Einzelnen. Elemente des Zwischenmenschlichen. Zur Geschichte des dialogischen Prinzips. Gütersloh 2001.

Cicero: De oratore / Über den Redner. Stuttgart 1976.

Collett, Peter: Ich sehe was, was du nicht sagst. So deuten Sie die Gesten der anderen – und wissen, was diese wirklich denken. Bergisch Gladbach 2007.

Dux, Günter: Von allem Anfang an: Macht, nicht Gerechtigkeit. Studien zur Genese und historischen Entwicklung des Postulats der Gerechtigkeit. Weilerswist 2009.

Edmüller, Andreas / Wilhelm, Thomas: Manipulationstechniken. Erkennen und abwehren. Planegg 2001.

Ende, Michael: Momo. Stuttgart, Wien 1973.

Frey, Siegfried: Die Macht des Bildes. Der Einfluss der nonverbalen Kommunikation auf Kultur und Politik. Bern 1999.

Gladwell, Malcolm: Blink! Die Macht des Moments. München 2007.

Habermas, Jürgen: Theorie des kommunikativen Handelns. Band 1: Handlungsrationalität und gesellschaftliche Rationalisierung. Frankfurt a.M. 1995.

Holler, Ingrid: Trainingsbuch Gewaltfreie Kommunikation. Abwechslungsreiche Übungen für Selbststudium, Seminare und Übungsgruppen. Paderborn 2008.

Johnson, C.E.B.: Der 7 Prozent-38 Prozent-55 Prozent-Mythos. In: MultiMind. Zeitschrift für professionelle Kommunikation, Heft 5 / 1996, S. 15–17.

Johnstone, Keith: Improvisation und Theater. Berlin 1997.

Kruse, Jan: Indexikalität und Fremdverstehen. Problemfelder kommunikativer Verstehensprozesse aus einer empirisch-praktischen Perspektive. In: Boike Rehbein / Gernot Saalmann (Hrsg.): Verstehen. Konstanz 2009, S. 133–150.

Lenhart, Heinrich / Wachtel, Stefan: 7 Prozent Inhalt: Wie ein Virus entsteht. Zur Inhalt-Form-Problematik in der Rhetorik-Literatur. In: Rhetorik. Ein internationales Jahrbuch. Band 20. Tübingen 2001.

Linker, Wolfgang J.: Kommunikative Kompetenz: Weniger ist mehr! Die Mikromuster der Impuls-Kommunikation. Offenbach 2009.

Mehrabian, Albert / Wiener, Morton: Decoding of inconsistent communications. In: Journal of Personality and Social Psychology, 1967, Vol. 1, S. 109–114.

Nünning, Ansgar / Zierold, Martin: Kommunikationskompetenzen. Erfolgreich kommunizieren in Studium und Berufsleben. Stuttgart 2008.

O'Connor, Joseph / Seymour, John: Neurolinguistisches Programmieren. Gelungene Kommunikation und persönliche Entfaltung. Freiburg 2009.

Pfeiffer, J. William / Jones, John E.: Arbeitsmaterialien zur Gruppendynamik 4. Freiburg 1977.

Rosenberg, Marshall B.: Gewaltfreie Kommunikation. Eine Sprache des Lebens. Paderborn 2005.

Rosenberg, Marshall B.: Konflikte lösen durch Gewaltfreie Kommunikation. Ein Gespräch mit Gabriele Seils. Freiburg 2007.

Roth, Gerhard: Fühlen, Denken, Handeln. Wie das Gehirn unser Verhalten steuert. Frankfurt a.M. 2001.

Roth, Gerhard: Das Gehirn und seine Wirklichkeit. Kognitive Neurobiologie und ihre philosophischen Konsequenzen. Frankfurt a.M. 2005.

Rust, Serena: Wenn die Giraffe mit dem Wolf tanzt. Vier Schritte zu einer einfühlsamen Kommunikation. Burgrain 2007.

Schmitt, Tom / Esser, Michael: Status-Spiele. Wie ich in jeder Situation die Oberhand behalte. Frankfurt a.M. 2009.

Schulz von Thun, Friedemann: Miteinander reden: 1. Störungen und Klärungen. Allgemeine Psychologie der Kommunikation. Reinbek 2008.

Schulz von Thun, Friedemann: Miteinander reden: 3. Das „Innere Team" und die situationsgerechte Kommunikation. Reinbek 1998.

Schwertfeger, Bärbel / Lewandowski, Norbert: Die Körpersprache der Bosse. München 1994.

Soeffner, Hans-Georg: Auslegung des Alltags – Der Alltag der Auslegung. Zur wissenssoziologischen Konzeption einer sozialwissenschaftlichen Hermeneutik. Konstanz 2004.

Tannen, Deborah: Das hab' ich nicht gesagt! Kommunikationsprobleme im Alltag. München 1994.

Tödter, Ulf / Werner, Jürgen: Erfolgsfaktor Menschenkenntnis. Berlin 2008.

Volk, Hartmut: Loben kann Wunder wirken. Die immaterielle, emotionale Seite der Entlohnung wird unterschätzt. In: Stuttgarter Zeitung vom 26. September 2009.

Watzlawick, Paul: Vom Unsinn des Sinns oder vom Sinn des Unsinns. Wien 1992.

Weber, Max: Wirtschaft und Gesellschaft. Grundriss der Verstehenden Soziologie. Tübingen 1980.

Weisbach, Christian-Rainer: Professionelle Gesprächsführung. Ein praxisnahes Lese- und Übungsbuch. München 2003.

Werner, Jürgen / Tödter, Ulf: Überzeugen – die Kunst andere zu gewinnen. Berlin 2009.

Westerhoff, Nikolaus: Schlechte Chefs. Wie Führungskräfte ihre Mitarbeiter demotivieren und der Wirtschaft schaden – ihre zehn größten Fehler. In: SZ Wissen 6/2008.

Über die Autoren

Jürgen Werner, Jurist und Sozialwissenschaftler, ist seit 1990 freiberuflich tätig als Trainer in der beruflichen Fort- und Weiterbildung. Seine Schwerpunktthemen sind: Kommunikation, Rhetorik, Argumentation, Menschenkenntnis, Konfliktmanagement, Lebens- und Karriereplanung, Intuitionstraining, Zeit- und Selbstmanagement.

Ulf Tödter, Umweltwissenschaftler, war von 1990 bis 1996 Geschäftsführer einer internationalen Umweltorganisation. Seit 1997 ist er freiberuflich tätig als Trainer und Coach. Seine Schwerpunktthemen sind: Führung, Selbstmanagement, soziale Kompetenz, Konfliktmanagement, Teamentwicklung, Coaching, Menschenkenntnis, Lebens- und Karriereplanung, systemisches Denken und Handeln in Organisationen und Unternehmen.

www.werner-und-toedter.de

Stichwortverzeichnis